Journalismus in der digitalen Verbreitung

28 Artikel digital erschienen zwischen Januar 2013-
Dezember 2019 in Deutschland, Österreich, Schweiz
***in den Rubriken Wirtschaft, Wissenschaft und
Psychologie***
für Deutscher Verband der Pressejournalisten

Marion Wolters

Herstellung und Verlag:
BoD - Books on Demand, Norderstedt
ISBN 978-3-7504-2776-1

Der Job der Zukunft? Strategien für Führungskräfte

Die Anforderungen an Führungskräfte ändern sich ständig. Sie werden zunehmend komplexer, während sie sich in anderer Hinsicht vereinfachen. Die Arbeitswelt verändert sich schleichend. Mehr und mehr Prozesse werden zerlegt, Computer übernehmen die einfacheren Tätigkeiten. Die Ansprüche der Arbeitswelt steigen somit. Menschen haben die Möglichkeit, sich kreativeren oder komplexeren Tätigkeiten zuzuwenden. Oder der Freizeitkultur, wenn es ihnen finanziell möglich ist. Welche Konsequenzen ergeben sich daraus für Führungskräfte?

Engstbesetzung? - Angstbesetzung? Das fragen sich viele Führungskräfte, wenn sie an ihren künftigen Arbeitsplatz denken. Sie werden weiterhin - ebenso wie ihre Teams - noch weiter reduziert, die übrig gebliebenen Führungskräfte übernehmen zusätzliche Aufgaben. Fallen Mitarbeiter ihres mittlerweile sehr kleinen Teams aus, springen sie selbst ein, da das Team aufgrund der engen personellen Besetzung nicht mehr in der Lage ist, weitere Ausfälle zu verkraften. Ebenso übernehmen sie zusätzliche Positionen von Führungskräften, die komplett gestrichen wurden. Die Planbarkeit der Arbeit wird schwieriger, ein hervorragendes Selbstmanagement ist unabdingbar.

Selbstmanagement - die Führungskraft als Superhero?
Der Begriff "Selbstmanagement" bedeutet sich selbst zu führen und zu entwickeln. Sich selbst so gut zu kennen, dass man negative Emotionen in positive Gefühle verwandeln kann, gehört

zu den Themen "Selbstmotivation" und "Coaching". Erfolgstechniken erlernen und anwenden, um Ziele zu erreichen, sowie die Organisation des eigenen Arbeits- und Privatlebens sind weitere Bestandteile. Menschen mit hervorragendem Selbstmanagement arbeiten gleichbleibend auf hohem Niveau, sind ausgeglichen und selten krank. Sie sind Täter und keine Opfer. Sie schaffen die Veränderungen, die sie für erforderlich halten. Der Begriff "Selbstmanagement" verlagert sich mehr und mehr auch auf die Mitarbeiter. Die Aufgabe der Führungskraft wird somit als Entscheidungsträger definiert werden.

Skills und space - Fähigkeiten und Raum. Alter, Herkunft und herkömmlicher Lebenslauf der Führungskräfte werden im digitalen Zeitalter immer weniger wichtig. Skills und Projekte stehen im Vordergrund. Kommunikation, Kreativität, geschickte Verhandlungen, konziliantes Verhalten, umfassende Bildung und Durchhaltevermögen werden nach wie vor wichtige Fähigkeiten bleiben. Das alles bestimmende Wort wird "selbst" sein. Früher gab es für alle Führungskräfte Assistenzpositionen. Teils schon heute und künftig erledigt und entscheidet die Führungskraft fast alles selbst und alleine. Als Führungskraft hat man größere Spielräume bei fast unendlichen Herausforderungen, da der Vorgesetzte mehr Zeit für die Lösung der eigenen komplexer gewordenen Probleme benötigt.

Kommunikation und Verfügbarkeit. Emails wird es außer für verbindlich festzuhaltende Vereinbarungen sowie rechtlich bindende Sachverhalte kaum noch geben. Die Kommunikation wird per digital-visuellen Kommunikationsprogrammen, Telefon oder persönlich erfolgen. Die üblichen Bezugsrahmen wie Büros und Hierarchien werden größtenteils wegfallen. Jeder kann fast überall jederzeit arbeiten und sich überall für Besprechungen treffen. Und wie sehen die Chancen der Zukunft aus? Die geänderten Anforderungen werden auch vielen Menschen eine Chance bieten, die sonst weniger oder keine Möglichkeit erhalten würden, als Führungskraft zu arbeiten. Wäre das nichts für Sie?

"Think beyond!" oder Immanenz und Permanenz

"Think beyond!" Welche Bedeutung spielt Immanenz in diesem Zusammenhang? Ist es als philosophisches Konzept nicht ursprünglich als das Gegenteil von Transzendenz definiert worden? Wäre somit Immanenz auf einen wirtschaftlichen Kontext übertragen nicht tendenziell kontraproduktiv? Wie kann man immanent denken und handeln? Welche Vorteile ergeben sich in welchem wirtschaftlichen Umfeld? Wie gestaltet der Begriff "Permanenz" dieses und in welchem Ausmaß? "Let's see!"

"Immanent" bedeutet innewohnend, enthalten sein. Somit kann man diesen Begriff auf viele Bereiche des Lebens beziehen. Das "Verbleiben in einem vorgegebenen Bereich ohne Überschreitung der Grenzen" ist eine Begriffsbestimmung für "Immanenz". Es ist eine Aufgabe der Philosophie, Gegebenheiten mit Definitionen ein Gesicht zu verleihen. Das, was existiert mittels Sprache sichtbar und begreifbar zu machen. Je nach Umfeld und Mitwelt wird dieser Begriff verstanden, interpretiert und in Nuancen abgewandelt. Lassen wir die Zeit arbeiten, um zu entdecken, dass sich der Inhalt eines Begriffes komplett verändert hat.

Manche hören auf zu existieren, weil sie z.B. von der aktuellen technischen Entwicklung überholt wurden. Wann wird das Smartphone von seinem Nachfolgeprodukt ersetzt? Dann wird das Wort "Smartphone" online und in den Printmedien weniger lesbar werden, da es im täglichen Sprachgebrauch weniger verwendet wird. Das Wort "Dauerchange" wird kontinuierlich neu definiert. Was früher "ständige Veränderung" genannt wurde, ist im hippen Outfit neuer Bürolandschaften ebenfalls in ein neues Sprachdesign gekleidet worden, um die aktuelle Zielgruppe anzusprechen. Inhaltlich nicht neu wird es für viele Zeitgenossen dennoch mehr eine lästige Notwendigkeit als ein Vergnügen.

"Think beyond!" diesen Aufruf kann man in vielen Bereichen hören, wo man mit den gängigen Denkweisen nicht mehr weiterkommt. Festgefahren in begrenzenden Systemen mit rechtlichen und finanziellen Vorgaben die einzuhalten sind, kommt man nicht voran. Oder doch? Warum sich nicht wie ein Astronaut auf den eigenen Bereich wie auf einen neuen Planeten einlassen? Das System in kleinere Teile zu zerlegen, die Kriterien zu ermitteln und genau zu definieren ist sehr viel mehr Arbeit, als nur eine Bestandsaufnahme zu machen. Es geht darum, die einzelnen Kriterien zigfach in verschiedenen Möglichkeiten zu verbinden.

Freundschaft zu schließen mit bisher wenig beachteten Gedanken. Sich von ihnen inspirieren zu lassen für neue Lösungen, neue Geschäftsfelder. Sich Gedankenräumen vorsichtig zu nähern, die geschützt oder verschlossen sind. Sie ebenso in neue Strukturen einzubinden wie isolierte Gedankenkonzepte. Auf diese Weise werden innerhalb des Systems völlig veränderte Gegebenheiten geschaffen, die den rechtlichen und finanziellen Vorgaben gerecht werden. Wie passt das Wort "Permanenz" in diesen Zusammenhang? Das Hinterfragen der Grundlagen und Gesetzmäßigkeiten bleibt als permanenter Bestandteil der täglichen Arbeit. Jeden Tag ändern sich unzählige Details in feinen Abstufungen.

Diesen gilt es offen entgegenzutreten und sie zum Wohl des ganzen Systems zu integrieren und zu steuern. Der Sinn des "Dauerchange" ist Überleben. Kürzlich sagte mir eine Leserin meines Buches "Comme Schönheit influences la paz" https://www.amazon.de/Comme-Schönheit-influences-paz-Regierungen/dp/3734746795, dass man mit meinen Büchern lernen könne, über bestehende Systeme hinaus zu denken. "Think beyond!" kann als Aufforderung angesehen werden, sich in andere Systeme hineinzudenken, sie zu verstehen und die Vorteile in das eigene System zu integrieren. Siehe auch das Kapitel "Zeit für Permanenz und Immanenz" im neuen Buch "Sunlight point" der Autorin dieses Artikels https://www.amazon.de/Sunlight-point-Sonnenlichtpunkt-Marion-Wolters/dp/3748159358.

Virtual Reality für die Wirtschaft

Virtuelle Spiele sind sehr beliebt. Für manche sind sie gar spannender als die Realität, weil sie Bedürfnisse befriedigen, die sie in der Realität nicht leben können. Oder zum Erwerb von Fähigkeiten führen, die in der Realität nicht gebraucht werden. Wie verändert sich eine Gesellschaft, wenn deren Mitglieder mehr und mehr in virtuelle Welten abgleiten, für die reale Welt weniger verfügbar sind?

„Der Mensch ist nur da ganz Mensch, wo er spielt", sagte schon Friedrich Schiller. Spielen in allen Varianten. Um die eigenen Fähigkeiten zu testen, zu entwickeln und auszubauen. Oder um Stress abzubauen, etwas zu erfinden, neue Kontakte zu knüpfen, Spaß zu haben. Dies sind nur einige Möglichkeiten, warum Menschen spielen. Es gibt Spiele für fast jeden Lebensbereich und für jede Altersklasse. Mit und ohne Regeln oder selbst festzusetzenden Spielgesetzen. Auf spielerische Weise Geld zu verdienen und die Welt zu erobern, ist für viele ein Traum, den sie wahrgemacht haben. Man denke an Selbständige und Arbeitende auf allen Hierarchiestufen eines Unternehmens.

Im letzten Jahr fand in der Bundeskunsthalle in Bonn "The Playground Project" Indoor & Outdoor statt. Basierend auf der Philosophie des "Homo ludens", des spielenden Menschen, ermöglicht das Spiel innovative Ansätze, um Probleme zu lösen oder einfach nur selbstvergessen und glücklich im Spiel aufzugehen. Auch spiegelt es die Veränderungen des Lebens, denen der Mensch sich spielend (im doppelten Sinne des Wortes) anpasst, sowie die psychischen und physischen

Herausforderungen, denen er sich im experimentierenden Spiel stellt. Ein interessanter Ansatz, der zunehmend auch in der Wirtschaft gelebt wird.

Virtual Reality heißt hier das Stichwort. In diesem Bereich befindet sich die Wirtschaft noch in den Anfängen. Erste Schritte wurden im Personalmarketing gemacht, um geeignete Bewerber zu interessieren. Diese können sich ihren künftigen Arbeitsplatz ansehen und entscheiden, ob er ihren Vorstellungen tatsächlich entspricht oder nicht. So ersparen sich Firmen und Bewerber Zeit, Geld und Enttäuschungen. Virtual Reality wird auch genutzt, um Phobien zu bekämpfen. Wer Flugangst hat, kann in einer simulierten Situation lernen, damit umzugehen. Beim Zahnarzt verschwindet man mittels Virtual Reality zum Beispiel auf eine Party in einem New Yorker Museum, während der linke Backenzahn in der Realität eine neue Füllung bekommt.

Doch Virtual Reality kann noch viel mehr: was wäre, wenn die Mitarbeiter eines Unternehmens vermehrt im Homeoffice in dieser "zweiten Welt" arbeiten würden und in der Realität, der "ersten Welt", somit den modern gewordenen Open Space und dessen finanziellen Rahmen optimieren würden? Auch könnte man mit den Daten, die einem über einen Wettbewerber zur Verfügung stehen, in der virtuellen Welt potentielle Gespräche einüben und so in der Realität siegreich aus einem künftigen Treffen hervorgehen. Mehr dazu im Buch "Sunlight Point" der Autorin dieses Artikels https://www.amazon.de/s/ref=nb_sb_noss?__mk_de_DE=%C3%85M%C3%85%C5%BD%C3%95%C3%91&url=search-

alias%3Dstripbooks&field-
keywords=sunlight+point+marion+wolters

Strategien um Wirtschaftssprachen in kürzester Zeit zu erlernen

Es ist wichtig, die englische Sprache schnell und genau zu erlernen, weil sie derzeit die wichtigste Handelssprache ist. Richtig ist auch: man kann sich im Geschäftsleben leicht einen Wettbewerbsvorteil verschaffen, wenn man zusätzlich die Muttersprache seines Gegenübers spricht. Wie kann man sich eine Sprache effektiv, strategisch und wissenschaftlich-strukturiert und dennoch spielerisch leicht aneignen, angesichts der knappen Zeit, die dafür bleibt?

Dieser Herausforderung stellen sich jeden Tag insbesondere Manager und halten es angesichts der mannigfaltigen zeitkritischen und komplexen Aufgaben, die nicht verschoben werden können, gelegentlich für eine Zumutung. Die fünf wichtigsten Sprachen der Welt sind Englisch, Chinesisch, Hindi, Spanisch und Französisch. In der EU werden 24 Amtssprachen gesprochen. Auch hier steht Englisch an erster Stelle. Englisch ist die Sprache der britischen Eroberer, der Pop Musik und der Wirtschaft. Sie ist leicht zu erlernen und man kann sich relativ schnell auf einem guten Level verständigen. Erst wenn man auf höherem Niveau kommuniziert, wird schnell deutlich, wie viele Nuancen die Sprache beinhaltet. Daher ist sie die meistgesprochene Diplomatensprache der EU.

Und wie erlernt man die Muttersprache des Gegenübers unabhängig davon, ob es sich um Englisch oder eine andere Fremdsprache handelt? Grundsätzlich ist es wichtig, eine präzise Denkweise zu erlernen, bevor man eine Sprache erlernt. Sich seiner Gedanken, Wahrnehmungen und Erfahrungen bewusst zu sein. Und die Sprache des Gegenübers zu analysieren, um den richtigen Ton zu treffen. Dies sind die Voraussetzungen, um sich anschließend seinem Gegenüber leicht verständlich ausdrücken zu können. Um den Gesprächspartner nicht zu überfordern. Oder ihn durch eine zu sehr vereinfachte Sprache zu langweilen, zu frustrieren oder zu beleidigen. Je höher die Position im Management ist, desto wichtiger ist eine präzise Denk- und Ausdrucksweise.

Nuancen sind bereits entscheidend. In der Praxis setzt man sich zunächst mit der Mentalität der Menschen auseinander, deren Sprache man erlernen möchte. Wie denken sie in ihrer Kultur? Denken sie in Metaphern oder ist die Sprache sehr genau in ihrer Ausdrucksweise bzw. voller grammatikalischer Feinheiten? Wie unterscheiden sich die Satzstrukturen der zu erlernenden Sprache von der Muttersprache etc. Einer Wirtschaftssprache nähert man sich strategisch und wissenschaftlich-strukturiert, indem man sich zusätzlich mit der Geschichte, Wirtschaft und Politik des Landes auseinandersetzt. Lernt, mit Sprachoberflächen wie Redewendungen, Standardausdrücken und Phrasen aus Wirtschaft und Politik mit Leichtigkeit zu jonglieren, um das Gegenüber zu blenden.

Lernt, die Sprachhöhe eines Wortes richtig anzuwenden, indem man Brücken baut bis in die Muttersprache hinein. Lernt Unsicherheiten zu kaschieren, indem man ausweicht oder andere Sprachtechniken anwendet. Lernt zu differenzieren zwischen den Vorurteilen, die man dem Konzept eines Begriffes entgegenbringt und dem ursprünglichen, tatsächlichen Konzept des Wortes. An dieser Stelle lässt sich z.B. überprüfen, wie präzise man bereits denkt und herauszufinden, wie genau man denken könnte. Die nahezu unendliche Vielfalt der Medien, die zusätzlich genutzt werden kann, um die neue Sprache in jeder freien Minute zu erlernen, kann das differenzierte Erlernen vereinfachen.

Auch lassen digitale Medien eine bequeme Nutzung von fast überall aus zu. Der Lernende kann zu jeder Zeit seine Sprachkenntnisse erweitern, so z. B. auch auf spielerische Weise durch den Besuch der viersprachigen Textausstellung der Autorin dieses Artikels „Experiment and experience with all your senses" http://www.brainguide.de/Marion-Wolters#veranstaltungen. Unterstützt wird das Verständnis einer Sprache durch gutes Beobachten und intuitives Erfassen der Zusammenhänge, in denen Vokabeln angewandt werden. Ein tieferes Sprachverständnis ermöglicht auf diese Weise eine bessere Identifikation mit dem Gesprächspartner und öffnet die Tür für neue Geschäftsmöglichkeiten.

„Wäre ich Millionär, hätte ich keine Arbeit mehr"

„Wäre ich Millionär, hätte ich keine Arbeit mehr". Diesen Satz würde wohl die Mehrheit der Arbeitnehmer sofort unterschreiben. Doch ist es wirklich wünschenswert, genügend Geld zu haben, um nur nicht mehr arbeiten gehen zu müssen? Ist die moderne Arbeit so sinnentleert und ein rein finanzieller Faktor, der als lästig und überflüssig angesehen wird? Wie sieht der Faktor Arbeit aus der Sicht eines Millionärs aus, der diese Art der Leistungen nicht mehr erbringen muss?

Wer in den Metropolen der Welt zuhause ist oder oft dorthin reist, wird sicherlich Gelegenheit gehabt haben, den einen oder anderen Millionär zu treffen. Und wer am Thema „Arbeit" interessiert ist und sie mit Leidenschaft und Enthusiasmus macht, wird auch nicht darum herumkommen, mit Millionären zusammenzuarbeiten. Denn das ist das Elixier, aus dem Millionäre gemacht werden. So zumindest wird es von denen geschildert, die sich ihr eigenes Imperium mit Ideenreichtum, Cleverness, Arbeit, Arbeit und nochmals Arbeit geschaffen haben. Die ihre Arbeit aber niemals missen möchten und Urlaub entweder nicht kennen oder ihre Arbeit nicht als solche bezeichnen würden.

Und wie schafft es der durchschnittliche Arbeitnehmer, in seiner Arbeit mehr als nur seinen Broterwerb zu sehen und ihr - wenn nicht mit Magenschmerzen, so doch mit Unlustgefühlen und nur so oft und so lange wie gerade nötig - nachzugehen? Er könnte sich an den Millionären orientieren und das tun, was ihm am Herzen liegt. Und damit eine scheinbare Sicherheit verlieren.

Oder sich die zahlreichen Vorteile vor Augen führen, die eine Arbeit generell mit sich bringt (finanziell, man hat eine Beschäftigung, gesellschaftliche Anerkennung, persönliche und gesellschaftliche Entwicklungsmöglichkeiten, etc.)

Falls Sie sich mehr für neue und ungewöhnliche Methoden zu diesem Thema interessieren, sind Sie eingeladen das Buch „Comme Schönheit influences la paz" (http://www.amazon.de/Comme-Sch%C3%B6nheit-influences-paz-Regierungen/dp/3734746795) der Autorin dieses Artikels zu lesen. Für alle anderen kommt eine Betrachtung Individuum/Arbeit in Frage. Wie sieht es mit der Auseinandersetzung des Einzelnen mit seiner Tätigkeit aus? Ist er im Dialog mit sich und dem, was er tut, so dass eine untrennbare Einheit entsteht, deren Intensität er genießt? Oder ist das fehlende Interesse daran ein Grund, warum die Arbeit nicht die erste Priorität in seinem Leben erhalten hat?

Wer dieses Interesse aus experimentellen Gründen einmal aufbringt, wer einen Analyseprozess seiner täglichen Arbeit eine Woche lang durchläuft und dabei mit sich selbst und seiner Tätigkeit mal intensiv verbunden, mal beobachtend, in Kontakt bleibt, wird unabhängig von der Art der Arbeit früher oder später darin aufgehen. Dann ist er in der gleichen beneidenswerten Lage wie ein Millionär, der seine Arbeit nicht mehr missen möchte. Und dies ist nur eine Möglichkeit, wie man aus einer monotonen Arbeit ein Faszinosum macht, das einen selbst und andere begeistert.

Wer sich nicht weiterbildet bleibt auf der Strecke

Die Anforderungen an Mitarbeiter und Führungskräfte in der
Wirtschaft sind in der Vergangenheit gestiegen. Ein Trend der
sich fortsetzt. Wie bildet man sich am besten weiter? Sind
konventionelle Methoden wie der Präsenzunterricht noch
zeitgemäß? Oder sind Onlinekurse die besseren Lehrmittel? Sind
sie didaktisch klüger aufgebaut und erreichen sie den Lernenden
zu einem höheren Prozentsatz? Welche Möglichkeiten gibt es
noch, um sich kostengünstig und zeitsparend weiterzubilden? Ein
Praxistest.

Die Anforderungen und Chancen eines modernen Arbeitsplatzes
ermöglichen auch mehr Flexibilität in der zeitlichen und
räumlichen Gestaltung der Arbeit. Oftmals werden längere
Arbeitszeiten und Arbeitswege in Kauf genommen, um die
Qualität der Arbeit zu garantieren und die Quantität zu schaffen.
Pünktlich bei einem Präsenzkurs anwesend zu sein, ist
heutzutage trotz moderner Technik nicht unbedingt einfacher.
Dies haben nicht zuletzt z.B. Sprach- und Volkshochschulen in
den letzten Jahren in Form von verringerten Kursteilnehmern
schmerzlich erfahren müssen. Und haben sich auch darauf
eingestellt, indem sie in ihren Kursprogrammen auf die
Möglichkeiten des Internets hinweisen.

Während es auch darum ging, sich in Kursen persönlich vor Ort
auszutauschen und Netzwerke zu knüpfen, ist dies heute
aufgrund der geringeren Zeit oftmals nicht mehr möglich.
Onlinekurse bieten sich an, die auch als MOOCs in verschiedenen
Varianten nicht zuletzt an den Universitäten praktiziert werden.
Massive Open Online Courses (MOOCs) sind sicherlich eine

Lösung für unabhängiges Lernen. Wenn sie von für Onlinekurse ausgebildeten Lehrkräften didaktisch gut aufbereitet sind, verschiedene Sinne ansprechen, sind sie – abgesehen von z.B. Sprachkursen - für vielfältige Themengebiete auch als Anfängerkurse gut geeignet.

Sie ermöglichen den Lernenden qualitative Wachstumssprünge in jede von ihnen gewünschte Richtung, auch jenseits des jährlichen Development Dialogues. Denn niemand kann sich heute darauf noch verlassen, dass er für den Rest des Arbeitslebens in einer Abteilung oder in einer Firma arbeiten wird. Daher ist es sinnvoll, sich beizeiten auf die globale Entwicklung einzustellen und sich entsprechend weiterzubilden. Dies geschieht auch zunehmend durch kursunabhängiges Eigenstudium von Büchern, Onlinekursen, Informationen im Internet, Fernsehen, in Videos etc., die jedoch eine Lehrerpersönlichkeit, die als Korrektiv wirkt, nicht in jedem Fall ersetzen können.

Durch die genannten Maßnahmen wird auch die Akademisierung im Unternehmen im besten Sinne gefördert. Dies ist auch der Ansatz der Autorin dieses Artikels, die im Arbeitsbuch zu „Comme Schönheit influences la paz" (http://www.brainguide.de/Comme-Schoenheit-influence-la-paz-Arbeitsbuch) eine praxisnahe wissenschaftlich-philosophische Gedankenschule für die Lesenden schafft. Damit jeder Lesende vielfältige Denkansätze kennenlernt, die neue Ideen ermöglichen. Und sicherlich auch, um sein gegenwärtiges Verhalten zu überdenken. Um die eigenen unreflektierten Denkschemata zu erkennen und selbst in die von ihm gewünschte Richtung zu verändern. Und somit über Techniken zu verfügen, die seinem Besitzer bei der Anwendung einen entscheidenden Vorteil verschaffen.

Es geht darum, die Entfaltung des eigenen Potentials zu beschleunigen. Mit dem Erlernten niemals zufrieden zu sein, sondern immer weiter zu gehen. Neugierig und offen zu sein für eigene zunächst wirtschaftsfremd wirkende Ideen in einem kreativ-progressiven Arbeitsumfeld. Damit Ergebnisse erzielt und Produkte geschaffen werden können, die finanziell erfolgreich sind und die Konkurrenz schlagen. Denn das ist das Ziel einer jeden Weiterbildung: Experimentieren und Erlernen eines neuen Fachgebietes, neue Gedanken und Fähigkeiten für neue einträgliche Tätigkeiten zu entwickeln, um auch künftig persönlich und als Unternehmen wettbewerbsfähig zu sein.

Start-ups in Tel Aviv

Start-ups? Start in Tel Aviv! Mit dieser Leichtigkeit kann man eine neue Idee mühelos verwirklichen ohne leichtsinnig zu sein. Mit dem Kopf über den Wolken schweben und neue Welten erkunden. Seiner Intuition folgend lukrative Möglichkeiten aufspüren, die mit Luftschlössern wenig gemein haben. Und an einem lauen Sommerabend rechtliche Grundlagen studieren oder ein Patent anmelden. Stolz sein, dass man zum erlauchten Kreis der Gründer gehört.

Denn es ist nicht nur hipp, sondern auch cool zur Gründerszene zu gehören. Sich wie in einer erweiterten Firma gegenseitig zu unterstützen. Themen auf adäquatem Niveau diskutieren und die eigenen Lösungsmöglichkeiten vergrößern zu können. Der Versuch, das inspirierende Gefühl des Aufbruchs im Gleichklang von Gleichgesinnten manifestieren zu wollen endet oft, indem erfolgversprechende Partnerschaften geschlossen werden. Und sicherlich auch jahrelange Freundschaften, wie man es vielfach in den Unternehmenshistorien nachlesen kann. Zuviel American Spirit und Silicon Valley Ambitionen? Oder ist das nicht genau das, was in deutschen Großunternehmen gebraucht wird? Deshalb fliegen so viele Manager genau dorthin, um sich anzusehen, wie die Start-up Kultur im eigenen Unternehmen umgesetzt werden kann.

Auch lohnt sich ein Ausflug in die Stadt der Start-ups, die das meiste Risikokapital gerechnet in Dollar in der Welt anzieht: Tel Aviv. Die Gründe dafür sind vielfältig: die nationale Politik fördert Innovationen und Unternehmertum. Die Stadtverwaltung hält vielfältige Maßnahmen bereit, die Start-ups unterstützen. Dazu gehören Steuervergünstigungen, vereinfachte Bürokratie, und flexible, kostengünstige Arbeitsplätze in Form von co-working spaces. Somit werden nicht nur gründungswillige Israelis vor Ort angesprochen, sondern auch viele Menschen aus anderen Ländern. Und nicht zuletzt auch Israelis, die in anderen Ländern der Welt leben und arbeiten und in einem Start-up die Möglichkeit sehen, in ihr Heimatland zurückzukehren.

Und sie bekommen auch eine wirkliche Chance: zahlreiche internationale Firmen unterstützen Gründer in einem sechsmonatigen Programm, ihr Unternehmen zu etablieren. Technologiefirmen geben Gründern unbezahlbare Tipps, wie sie ebenso erfolgreich sein können wie sie selbst. Genauso handelt auch die Hauptfigur Ariana auf einem Gründungskongress im Buch „interspaceinterestinterface" der Autorin dieses Artikels. – Wobei es den meisten Neuunternehmern wohl mehr darum geht, den eigenen Weg zu finden, Risiken zu minimieren, deshalb ggf. Sponsoren für die Gründeridee begeistern. Was nicht zuletzt durch moderne Fundraising Plattformen sehr einfach geworden ist.

Und es gibt auch die Jungunternehmer, die Businesspläne gar nicht erst aufstellen, sondern ihrer Intuition folgen und einfach in Deutschland, in der Schweiz oder Österreich gründen. Innovative Menschen, die nicht jung sein müssen. Aber einfallsreich genug, um z.B. bei Produktionsproblemen eine Lösung zu finden. Oder die Rezeptur eines Produktes zu verändern und sehr kurzfristig zu verbessern. Eine Dienstleistung an unwahrscheinliche Situationen, die dennoch eintreten, ohne Zeitverzug anpassen. Die vorausschauend handeln, hohe

Geldsummen als Startkapital sparen konnten, weil sie ihre Ideen schon länger umsetzen wollten. Ohne Sponsoren, ohne Business Angels und Etablierungsprogramme. Pioniergeist. Mit der augenzwinkernden Heiterkeit eines Frühlingsmorgens.

Welchen Einfluss hat Ihr Denken auf Ihre Finanzen?

Können Sie es sich finanziell leisten, nicht zu wissen was und wie Sie denken? Sind Sie wie ein Nordstern, der als Fixstern anderen Menschen Impulse gibt? Diesen Fragen geht der nachfolgende Artikel nach. Magie ist es nicht – auch wenn u.a. große Magier zu Wort kommen. Und den ein oder anderen Denkansatz mit Technik, Tricks und Tipps verzaubern. Eine Reise in die wissenschaftlichen Möglichkeiten, Ihr Denken finanziell noch erfolgreicher zu machen. Klingt zunächst kompliziert. Beginnen wir mit etwas Einfachem: Wie dachten Thomas Alva Edison, Dr. Nikola Tesla und Harry Houdini?

„Genie ist 1% Inspiration und 99% Transpiration." (Thomas Edison) „Be alone, that is the secret of inventing. Be alone that is when ideas are born." (Nikola Tesla) „Was die Augen sehen und die Ohren hören, glaubt der Geist." (Harry Houdini) Edison wurde durch die Vermarktbarkeit seiner Produkte ein wohlhabender Mann. Nikola Tesla war der Erfinder der freien Energie. Er wollte alle Menschen kostenfrei mit Energie versorgen - gegen den Widerstand der Wirtschaft. Wie man in dem Film Prestige mit David Bowie in der Rolle des Nikola Tesla sehen kann, trat er wie ein Magier auf.

Houdini war Magier. Er nutzte die in der Psychiatrie gerade erfundene Zwangsjacke für seine Entfesselungstricks. Spektakuläre Auftritte und gutes Marketing machten ihn zum reichen Mann. Denken Sie, dass Nicola Tesla Recht hat, wenn er sich zurückzieht und es vorzieht, für sich alleine zu denken? Oder kann man im Team finanziell erfolgreicher denken? Auch ist es durchaus modern, die Masse denken lassen wie z.B. beim

Croudsourcing. Wenn Sie diesen Artikel lesen, gehören Sie jedoch vermutlich weniger zur Gruppe derer, die anderen Ihr Wissen kostenfrei zur Verfügung stellen.

Oder liegt der Schlüssel darin, sich unabhängig von diesen Kriterien vom Massenbewusstsein abzuwenden wie es die Protagonistin Ariana im Buch „interspaceinterestinterface" vorschlägt: „Wer auf seinem Gebiet Weltmarktführer sein will, klingt sich aus dem Massenbewusstsein aus, um ungewöhnlichen Ideen Raum zu geben…" Wissen Sie, was Sie denken? Gäbe es ein Formblatt mit Rubriken aus verschiedenen Lebensbereichen, könnten Sie spontan beantworten, wohin Ihre Gedanken hauptsächlich wandern? Schreiben Sie es einen Tag lang auf, analysieren Sie es und werten Sie es prozentual aus. Entspricht das, was Sie denken der Propaganda der Massenmedien (woraus besteht das Denken der Mehrheit?) Inwieweit hat Ihr Denken Einfluss auf Ihre berufliche Tätigkeit?

Überoptimismus kann ein Projekt finanziell überproportional in die Länge ziehen („Wir werden die Fehler schnell genug beheben können, das wird unser Budget nicht sprengen"). Ihr Denken kann durch Profitricks so gesteuert werden, dass Sie einen schlechteren Verhandlungsabschluss für Ihr Unternehmen erzielen („Weiß ich. Kann mir nicht passieren, ich kenne alle Tricks, ich bin mit allen Wassern gewaschen - wirklich?"). Und die vom Massenbewusstsein für selbstverständlich gehaltenen Annahmen können verhindern, dass Sie bahnbrechende, millionenschwere, zukunftsweisende Ideen denken können. Können Sie es sich finanziell leisten, nicht zu wissen wie und was Sie denken?

Was können Führungskräfte von der Philosophie lernen?

Haben Philosophie und Führungskräfte eine gemeinsame Schnittmenge? Wenn ja, wie könnte diese aussehen? Oder sind sie grundverschieden? So könnte man auf die eine Seite die Philosophie stellen, die offensichtlich mit einer gewissen Unabhängigkeit von der Welt diese auch zu ihrem Objekt machen kann. Auf die andere Seite stellt man die Führungskraft mit ihrem Zwang z.B. zum wirtschaftlichen Erfolg, der immer auch maßgeblich der gesellschaftlichen Anerkennung unterliegt. Kann die Philosophie die Wirtschaft unterstützen, auch in den Augen der Gesellschaft bestehen zu können, diese sogar dabei unterstützen, die gesellschaftliche Akzeptanz zu erhöhen?

Auch Computer haben ihre Lebenszeit. Jeder „power user" weiß, dass diese auch aufgrund der intensiven Nutzung vor der Zeit beendet sein kann. Man nimmt dann ein Zweitgerät, ein Tablet, Handy etc. zu Hand, mit dem man weiter ungestört arbeiten kann. Dennoch fällt für einen kleinen Moment Licht auf die Frage, ob man es nicht mit Kugelschreiber und Papier versuchen sollte (auch wenn das nicht wirklich eine Alternative ist). Und der langsameren, durch Emails, Lyncs und anderen Kommunikationsmöglichkeiten unabgelenkten Arbeitsweise eine Chance geben sollte. Vielleicht auch einem gründlicheren Nachdenken. In früheren Jahrhunderten galt, dass der Herrscher ein Philosoph sein sollte. Welche Vorteile ergeben sich, wenn eine Führungskraft philosophisches Wissen anwendet?

Neue Ansätze im kulturellen Verständnis am Beispiel China.

Die Philosophie bietet unzählige Denkplattformen und Herangehensweisen für Führungskräfte, um Alltagsprobleme zu lösen. So kann man z.B. „Die Kunst der Staatsführung" von Han Fei lesen, der als der chinesische Machiavelli gilt. Das aus dem Altchinesischen ins Deutsche übersetzte, knapp 650seitige Werk bietet Lösungen zu politischen und philosophischen Fragestellungen aller Art an. Es kann leicht auf interne chinesische Firmenstrategiespiele zum Machterhalt angewandt werden. Sich anbahnende oder bereits durchgeführte Intrigen können in diesem vielseitigen Buch schnell wiedererkannt werden und bieten wertvolle Hinweise, wie chinesische Machthaber denken und agieren. Und lässt somit manchem interkulturellen Coach Zeit für andere Aufgaben.

Apropos China: Die Führungskraft kann sich dem chinesischen Markt oder dem chinesischen Kollegen auch nähern, wenn sie die Schriften der großen chinesischen Philosophen liest und die drei wichtigsten Denk- und Handlungsweisen (Konfuzianismus, Buddhismus und Daoismus) aus der Historie heraus begreift. Somit ist es ihr möglich, sich auf hohem Niveau mit der künftigen chinesischen Kontaktperson zu unterhalten – und sie für sich zu gewinnen. Wer herausgefunden hat, ob sein Gegenüber mehr der einen oder anderen Philosophie zugeneigt ist, kann bei Problemen maßgeschneiderte Lösungsansätze kreieren und sich bei Auftragsvergaben Vorteile verschaffen.

Wer die vorherigen Gedanken bejaht, wird es auch als sinnvoll erachten, den Mitarbeitern philosophisches Wissen und Denken zu vermitteln. Denn kreative Ideen und konstruktive Lösungen sind das Kapital einer Firma. Praktisch kann das bedeuten, dass man den Mitarbeitern philosophisches Denken z.B. in einer „Lunch & Learn Session" präsentiert und erklärt. D. h. dass man die Mittagspause in einem Konferenzraum oder einer virtuelle Konferenz dazu nutzt, um einen Philosophen oder eine philosophische Denkrichtung vorzustellen. Anschließend lässt man die Mitarbeiter selbst ein Firmenproblem mit dem vorgestellten Denkansatz lösen.

Zuvor hat man bereits eine entsprechende App mit Denk- und Verhaltensweisen der wichtigsten Philosophen der Welt in kompakter, anwenderfreundlicher Weise programmiert, die man den Mitarbeitern am Ende der Präsentation zur Verfügung stellt. Vielleicht auch einige Übungen dazu (lesen Sie hierzu Kapitel 7 des Buches „Comme Schönheit influences la paz" der Autorin dieses Artikels http://www.amazon.de/Comme-Sch%C3%B6nheit-influences-paz-Regierungen/dp/3734746795). So geschulte Führungskräfte und Mitarbeiter werden nicht nur eher seltene Computerausfälle nutzen, um Probleme philosophisch zu lösen und neue Ideen in die Praxis umzusetzen. Und neben philosophischen Gedanken insbesondere ethische Aspekte berücksichtigen, wenngleich sie bei der Erstanwendung die Entwicklung eines Produktes oder einer Dienstleistung stoppen können.

Doch was nützt ein kurzfristiger Millionengewinn, wenn ein nachhaltiger Imageschaden entsteht, weil z.B. Menschen Schaden nehmen. Nachhaltigkeit bedeutet, dass man bereits nach „der Geburt einer Idee" solche ethischen Überlegungen anstellt. Damit vermeidet man, dass Bedenkenträger und Möglichkeitenverhinderer diese Idee kleinmachen können.

Gleichzeitig wird man einen Weg finden, die Idee finanziell höchst erfolgreich zu vermarkten. Und wird den ethischen Prozess der Ideenverwirklichung medienwirksam inszenieren, um den Kritikern den Boden zu entziehen, und diese bei großen Projekten eingeführte Praxis auch im Kleinen anwenden. Vielfältige und ungewöhnliche Denkansätze für ein weltweit erfolgreiches Unternehmen, das sich damit in den Augen der Öffentlichkeit Respekt verdient.

Wie intuitiv arbeiten Sie?

Wettbewerbsfähig bleiben im modernen Zeitalter von Digitalisierung, Globalisierung, Ökonomisierung. Dieses Ziel setzt harte Arbeit, umfangreiche Bildung und Ausbildung, Flexibilität, Mobilität und noch sehr viele andere Kriterien voraus. Wie planbar ist Wettbewerbsfähigkeit im persönlichen und unternehmerischen Bereich, wenn sich permanent alles ändert, volatil und finanziell unkalkulierbar ist und bleibt? Wie schafft man es trotzdem, eine stabile Basis zu schaffen, interessante Tätigkeiten dauerhaft auszuüben?

"Denken Sie anders, das Gegenteil, out of the box. Durchbrechen Sie Ihre Gewohnheiten, arbeiten Sie mit allen Sinnen, gehen Sie neue Wege", lauten die Antworten. Besuchen Sie als Sportfan, der sich nicht für Geschichte interessiert hat, eine Ausgrabungsstätte. Setzen Sie sich mit gegensätzlichen Meinungen auseinander und umgeben Sie sich mit Menschen, die ein anderes Weltbild verkörpern. Sicherlich ist das bereichernd. Das Gehirn bekommt neue Impulse und Einsichten, verbringt viel Zeit mit der Einordung von neuen Informationen und der Integration des gerade Erfahrenen in den gewohnten Zusammenhang, soweit das möglich ist ohne das eigene Weltbild zu sprengen. Doch auch dies kann passieren.

Wer über wenig Zeit verfügt, eng getaktete Terminpläne einzuhalten hat, sich ausruhen möchte nach einem anstrengenden Tag, familiäre Pflichten wahrnehmen muss oder einfach zu faul ist (was durchaus gesund ist), um sich den vorher genannten Aktivitäten zu widmen, für den gibt es eine andere Lösung. Es handelt sich um eine energiesparende und ressourcenarme Maßnahme, die schnell und effektiv auf die gegebenen Situationen reagiert. Kostenfrei, umweltfreundlich, seit Jahrtausenden erprobt und bewährt. Eine unschlagbare Waffe in Kriegszeiten, unabdingbar für Erfindungen, die weitere Entwicklung von Innovationen: die Intuition.

Die Intuition erfasst schnell komplizierte Gegebenheiten in ihrer Ganzheit, sie ist die Abkürzung zur Lösung von Problemstellungen. Sie kennt die richtige Entscheidung ohne rationale Begründungen. Dazu einige Zitate: Albert Einstein: „Die Intuition ist ein göttliches Geschenk. Der denkende Verstand ein treuer Diener. Es ist paradox, dass wir heutzutage angefangen haben, den Diener zu verehren und die göttliche Gabe zu entweihen." Intuitionsforscher Professor Dr. Gerd Gigerenzer, Direktor am Berliner Max-Planck-Institut für Bildungsforschung: "Die Überbewertung von analytischen Fakten, das heißt, von Entscheidungen, die alleine auf nachvollziehbaren Gründen beruhen, führt dazu, dass viele Menschen sich immer mehr in einem Käfig von Angst und Befürchtung befinden."

Vielleicht ist es wichtig für Sie, Herausforderungen spielerisch durch Weisheit, Weitblick, Wissen und Technik zu lösen. Das ist ein Teil von „parcourlet", des gleichnamigen Buches der Autorin dieses Artikels und einer Fortbewegungsart, die man auch im übertragenen Sinne in der Wirtschaft anwenden kann. Ein anderer ist die Intuition: „Man lässt sich komplett auf die Umgebung ein und erfindet intuitiv neue Fortbewegungsmöglichkeiten, die elegant und sexy sind". Sicherlich drei höchst unterschiedliche Zitate zum Thema Intuition. Welche Informationen erhalten Sie hierzu von Ihrer

Intuition? Oder gehören Sie zur Gruppe derjenigen, die ihre Intuition besser ausbilden und häufiger anwenden möchte?

Digital ist ideal?

Die Digitalisierung schreitet mit jeder Minute voran. Wir können uns diesem Prozess nicht entziehen unabhängig davon, ob wir es wollen oder nicht. Unsere Wahl besteht darin, uns zu entscheiden, ob wir uns an den Wandel schnell oder langsam anpassen. Widerstreben wir oder sind wir einverstanden? Dieser Artikel untersucht einige Aspekte der Digitalisierung für Arbeitgeber und Arbeitnehmer und stellt Fragen nach den Folgen für diejenigen, die sich diesem Wandel nur zum Teil oder gar nicht stellen.

Digitale Möglichkeiten existieren noch nicht so lange. Es wird derzeit versucht, die Historie der Digitalisierung zu recherchieren und zusammenzutragen. Wenn Sie an die eigenen digitalen Anfänge denken und sich die heutigen digitalen Gewohnheiten im täglichen Leben ansehen, werden Sie die heutigen Möglichkeiten der Technik nicht mehr missen wollen. Das gilt für den privaten wie auch für den beruflichen Gebrauch. Für manche Arbeitnehmer bedeutet dies aber auch die schleichende oder zunehmende Angst, vielleicht auch die Gewissheit, dass der eigene Arbeitsplatz der Digitalisierung zum Opfer fallen könnte oder aber in absehbarer Zeit fallen wird.

Wer als Arbeitnehmer die Gewissheit hat, dass sein Beruf künftig nicht mehr existieren wird mag sich fragen, welche Möglichkeiten sich ihm dadurch eröffnen. Sich auch fragen, wie der persönliche Wandel gestaltet werden kann und sich schon auf neue berufliche Perspektiven einstellen, wie z.B. eine Weiterbildung oder eine weitere Ausbildung beginnen. Sich nicht zuletzt auch in gerade entstandenen neuen digitalen Berufen oder in Firmen bewerben, die sich bereits in einem fortgeschrittenen digitalen Stadium befinden. Immer vorausgesetzt, der Arbeitnehmer passt auch menschlich in die entsprechende digitale Unternehmenskultur eines solchen Unternehmens. Zudem gibt es nach wie vor viele Unternehmen, die mit einem niedrigen Digitalisierungsgrad sehr erfolgreich sind und es auch künftig sein werden.

Die Art des Unternehmens z.B. Behörde, Konzern, Inhaber geführte Firma, Start-up weckt in der öffentlichen Meinung auch Vorstellungen über den jeweiligen Digitalisierungsgrad, die vielfach Klischees unterliegen. Der Internetauftritt eines Unternehmens verrät viel darüber, inwieweit die Digitalisierung bereits umgesetzt wurde. Er beschreibt auch, welche Art von Arbeitnehmer angesprochen werden sollen. Wird ein Unternehmensrundgang in einem Video angeboten, der den Arbeitsalltag darstellt, können Bewerber mit der Personalabteilung chatten und erste Fragen klären oder ist der Internetauftritt kompliziert, so dass Bewerber erst nach vielen Klicks die gesuchten Informationen erhalten?

Auf einem Bewerbermarkt sind Unternehmen gut beraten, diese Kriterien zu berücksichtigen. Wer sich nicht darauf einstellt, wird Topbewerber nicht für sich gewinnen können und Nachteile im internationalen Wettbewerb erleiden, vielleicht sogar abgehängt werden. Unternehmen, die digital gut aufgestellt sind, bieten ihren Mitarbeitern auch digitale Freiheiten wie z.B. freies Surfen im Internet während der Pausen in den Aufenthaltsräumen an. Zumeist zieht dies auch Bewerber an, die mit dem hohen digitalen Standard auch eine andere Art des Arbeitens

verbinden, d.h. z.B. mehr Verantwortung und Gestaltungsraum.
Zudem kann man als Unternehmen durch einen anspruchsvollen
Internetauftritt signalisieren, wie hoch die digitale Kompetenz
der Bewerber sein soll.

Wieviel Zeit/Wissen benötigt ein späterer Arbeitnehmer, um
Fakten zu verstehen, zu hinterfragen, in den richtigen
Zusammenhang einzuordnen? Priorisiert er die Daten der
täglichen Informationsflut richtig? Unternehmen, die sich auf
einem hohen digitalen Standard befinden, erwarten von ihren
Arbeitnehmern, dass sie in der Lage sind, komplexe
Sachverhalte, z.B. in Blogs und Artikel für Newsletter zu
kommunizieren. Arbeitnehmer, die gerne Wissen teilen, mit
Experten kooperieren, neue Wege gehen, sind in dieser Welt
höchst willkommen. Arbeitnehmer, die es heute noch nicht sind
und gerne Teil dieser spannenden Arbeitswelt sein möchten,
können es bereits in Kürze sein. Können, im doppelten Sinn
(siehe das Buch "Comme Schönheit influences la paz" der
Autorin diese Artikels).

Vom Hidden Champion zur globalen Marke

Was veranlasst einen Hidden Champion seine bis dato geschätzte Position zu verändern? Wie wird eine Firma zu einem Hidden Champion (unbekannten Weltmarktführer)? Welche Gründe führen dazu, dass eine Firma sich weniger um den Aufbau einer Marke kümmert und für die Öffentlichkeit weitgehend unbekannt mit ihren Produkten den Weltmarkt dominiert? Welche Veränderungen könnten sich ergeben, die es notwendig machen, diesen Status zu verlassen und sich mehr mit dem Aufbau einer Marke zu beschäftigen?

Hidden Champions sind häufig durch ihre eigenen innovativen Produkte einer großen weltweiten Kundschaft nicht bekannt. Durch ihre Spezialisierung besetzen sie eine Nische und behaupten sie. Es gibt viele unbekannte Weltmarktführer, die keine intensive Markenarbeit leisten müssen, weil die Konkurrenz nicht über das Wissen und/oder die Technik verfügen, um konkurrieren zu können (siehe das Buch "interspaceinterestinterface" der Autorin dieses Artikels). Auf der anderen Seite stehen Hidden Champions, deren Produktabsatz zurückgeht vor dem Problem, Mitarbeiter zu rekrutieren. Sie beginnen ohne die Einflussnahme der Öffentlichkeit auf Ihren Status zu verzichten, damit das Überleben des Unternehmens gewährleistet werden kann. Wie wird man zum Hidden Champion und wie baut man erfolgreich eine Marke auf?

Nehmen wir an, dass sich in einem Start-up Menschen mit sehr viel Fachwissen kennenlernen, die sich gegenseitig inspirieren und den Erfolg des noch jungen und eher kleinen Unternehmens voranbringen wollen. Wie schaffen sie dies? Mit viel Engagement, zusätzlichen Stunden, Idealismus und Opferbereitschaft. Private Kontakte werden eingeschränkt, die Gesundheit ist an manchen Tagen tendenziell weniger wichtig. Das Ziel vor Augen weiß man, dass dieser Zustand nicht ewig dauern wird. Partnerschaften mit Investoren sind nicht selten, da die Forschungskosten hoch sind. Die Einzigartigkeit des Produktes verkauft sich nicht nur national, sondern auch international. Das muss sie auch, damit die Verkaufszahlen schnell stimmen und die Anfangskosten wettgemacht werden.

Ohne viel Zeit in den Aufbau der Marke zu stecken. Und dann kommt sie, die Zeit der Marktsättigung. Die Zeit der aufholenden oder den Hidden Champion ein- oder gar überholenden Konkurrenten. Die eigenen Mitarbeiter sind nach Jahren des Firmenaufbaus schwieriger zu motivieren. Sie sehen andere Firmen und vergleichen die Strukturen, personell und finanziell. Es kommt zu größeren Gehaltsforderungen, Personalentwicklungssysteme werden eingefordert, der digitale Status in Frage gestellt. Der Hidden Champion geht in die Offensive und beginnt sein kriselndes Dasein mit dem Aufbau einer Marke schrittweise und systematisch zu beenden. Warum erst jetzt und nicht schon viel früher?

Sich der Öffentlichkeit auszusetzen ist nicht jedermanns Sache. Negativbeispiele zeigen, wie schwierig es ist, ein negatives Image wieder in ein positives Image zu verwandeln. Eine Markenkreation ist eine nicht zu unterschätzende Kunst. Charismatische Gründer haben es leicht, doch was macht ein

Unternehmer, der weniger tauglich für die Öffentlichkeit ist?
Vielleicht erfindet er eine Entstehungsgeschichte des Produktes.
Lädt sie mit hippen, Lifestyle durchtränkten Szenen auf. Oder
kreiert eine Antistory, die den Kern des Produktes besser trifft,
bindet die eigenen Mitarbeiter als Markenbotschafter und
Aktienbesitzer ein. Er knüpft Netzwerke in Wirtschaft und Politik.
Und erstellt regelmäßige Studien, um für die Presse interessant
zu sein, die ihn unterstützen kann, das Ersehnte zu erlangen.

Eine starke Marke oder Markenführung und Consumer Insights

Sind Sie zufrieden mit Ihrem Job? Oder sind Sie glücklich, d.h. Sie identifizieren sich mit Ihrem Job, strahlen Leidenschaft für das aus, was Sie tun und verteidigen es gegen negative Äußerungen aus Ihrem Umfeld? In einem gerade entstandenen Geschäftsfeld kann ein glücklicher Mitarbeiter/Manager den entscheidenden Einfluss auf die weitere Entwicklung haben, indem er glückliche interne und externe Kunden schafft, die seine noch kleine und unsichere Geschäftsbasis dauerhaft stabilisieren.

Kennen Sie das? Sie haben Zielvorgaben für den Absatz Ihrer Produkte, die aus verschiedenen Gründen momentan gerade nicht so gut laufen. Sie haben die üblichen Konzepte schon ausprobiert und festgestellt, dass sich an den Zahlen nichts ändert. In dieser Situation kippt die interne Stimmung. Das Vertrauen in die Produkte und das Unternehmen tendiert gegen 0. Angst und Druck steigen. Dies ist die Zeit, in der externe Berater Konjunktur haben. Möchten Sie einen Feelgood Manager in Ihrer Abteilung haben? Oder einen Coach, der Sie berät? Was wäre, wenn Sie einen anderen Ansatz wählen würden, der nicht zuletzt diese zusätzlichen Ausgaben, überflüssig machen würde?

Es gibt viele Produktideen, die nach Ihrer Umsetzung einen nachhaltig positiven Einfluss auf die Menschen haben. Für die es einen Bedarf gibt und die die Kunden nicht nur zufrieden machen, sondern glücklich. Ein glücklicher Kunde hat keine Motivation zur Konkurrenz zu gehen. Wie erzeugt man eine solche Haltung? Durch Haltung. Zum Beispiel, indem man selbst mit dem Produkt für etwas steht. Da reicht es nicht, dass man z.B. nachhaltig und grün ist. Eine differenziertere Imagebildung, die dem Kunden eine eindeutige Identifikation ermöglicht, ist erforderlich. Dazu lohnt es sich, sich genau zu überlegen, was das Produkt leisten kann.

Nicht zuletzt auch den immateriellen und sinnstiftenden Aspekt mit einzubeziehen, der das Potential hat, eine Markencommunity zu bilden. Mit Kunden, die begeistert sind von der Produkterfahrung, die sie wiederholt machen konnten, weil sie z.B. Anerkennung oder eine soziale Position suggerieren, die sonst nicht erreichbar sind. Die Autorin dieses Artikels hat dies wiederholt bei ihrer Leserschaft festgestellt, die ihr nach dem Lesen z.B. des Buches „interspaceinterestinterface" Feedback geben, das die Autorin für kommende Bücher verwendet. Sie wird außerdem regelmäßig von Lesern gebeten, eine Figur im nächsten Buch sein zu dürfen, die sie dann gemeinsam schaffen.

Die Bildung einer Markencommunity kann bereits in einem frühen Produktprozess beginnen. Man macht die Produktidee einem breiten Publikum bekannt und schafft Fans, die stolz sind, dass sie von der ersten Stunde an dabei waren. Wenn es Probleme im Produktprozess gibt, steht man dazu und kann diese potentiellen Kunden aktivieren, um neues Geld zu generieren. Auch bietet ein solches Vorgehen die Möglichkeit, die Produktwünsche der Markencommunity mit einzubeziehen, indem sie die Prototypen testen. Dem Unternehmen werden wertvolle Kundeneinblicke (customer insights) zur Verfügung gestellt. Die Markencommunity nimmt Einfluss auf die

Gestaltung/Entwicklung des Produktes (Markenführung). Das dadurch entstehende Wir-Gefühl der Markencommunity erzeugt einen nicht zu unterschätzenden sozialen Aspekt, der sich monetär niederschlägt.

Markencommunities müssen nicht im öffentlichen Raum agieren. Es gibt viele Communities von Marken, die eher im Hintergrund arbeiten. Sei dies für Produkte wie Klebstoffe, Schrauben oder auch Software. Von Produkten, die jeder nutzt, aber von denen man in vielen Fällen gar nicht weiß, dass sich ein oder welches Produkt sich dahinter verbirgt. Fazit: Wer eine Haltung hat, emotionale Bindungen zum Kunden aufbaut oder die Voraussetzungen schafft, dass der Kunde eine emotionale Bindung zum Produkt herzustellen vermag, kann es sich leisten, cooler auf die Herausforderungen des Marktes zu reagieren. Dies gilt insbesondere für neue Geschäftsfelder.

Sind Sie glücklich? Wie Sprache glücklich macht.

Was macht Menschen glücklich, wie wird das Individuum glücklich? In diesem Artikel werden Lebensbedingungen, psychische und physische Gegebenheiten mithilfe der Studienergebnisse der UNO, internationaler Universitäten und Publikationen untersucht. Forscher werden zitiert, die in den vergangenen Jahrzehnten in der Glücksforschung tätig waren. Wie wirkt sich persönliches Glücklichsein (eine Frage des Naturells?) auf die berufliche Leistung aus? Welchen Einfluss hat die Sprache? Wie kann man dauerhaft einen verantwortungsvollen Umgang mit Sprache etablieren, der berufliche Leistung und persönliches Glück aktiviert und fördert?

Die UNO hat herausgefunden, dass 2.500 Kalorien am Tag, 100 Liter Wasser, 6 Quadratmeter Wohnraum, ein Platz zum Kochen und eine sechsjährige Schulbildung die physischen Voraussetzungen sind, um glücklich zu sein. Hinzu kommen stabile Beziehungen, Freundschaft, Geselligkeit, Gesundheit, ein den eigenen Fähigkeiten entsprechender Beruf, Kinder, Geld zur Erfüllung der Grundbedürfnisse. Dr. Luisa Corrado von der Faculty of Economics in Cambridge stellte fest, dass Vertrauen in das Parlament, die Gesellschaft, das Rechtssystem und der Level des Altruismus entscheidend sind. Eine Oxfordstudie unterscheidet zwischen Hedonismus und Eudaimonie. Hedonismus beinhaltet nach Epikur neben der Vermeidung von Schmerz unter anderem auch Ataraxie, d.h. Seelenruhe die sich einstellt, wenn die wichtigsten Lebensfragen geklärt wurden.

Eudaimonie (gelungene Lebensführung im Sinne einer philosophischen Ethik und der daraus resultierende ausgeglichene Gemütszustand) hebt Selbstgenügsamkeit und Autarkie hervor. Harvard-Forscher haben laut Robert Waldinger, Psychiater und Professor an der Harvard Medical School, in ihrer 75 Jahre währenden Langzeitstudie herausgefunden, dass das Individuum den Entschluss fassen muss glücklich zu sein, unabhängig von der Aufgabe und Situation. Zudem seien es insbesondere tiefe und echte Beziehungen zu Menschen, die glücklich machen. In der französischen Zeitung Le Figaro stand ein Artikel über Antoine Chereau, der die „Diktatur des Glücks am Arbeitsplatz" beklagt, die er auch „Happycratie" nennt.

Er ist überzeugt, dass die Mehrheit der Menschen bei der Arbeit nicht glücklich ist und dass eine Glücksinjektion maskieren soll, in welch stressigem Umfeld man lebt. Er kritisiert insbesondere, dass private Gefühle vermarktet werden sollen. Wer sich in den Grundzügen mit der Psyche des Menschen befasst hat weiß, dass dies nur bedingt stimmt, da das Naturell des Menschen angeboren ist. Wer sich zudem viel mit seinem eigenen Glücklichsein beschäftigt, wird die Faktoren, d.h. Menschen, Situationen etc. herausfinden, die ihn persönlich glücklich machen. Untersuchungen zeigen, dass der Grad des Glücklichseins auch von der Häufigkeit abhängt, mit der man sich (intensiv) mit diesem Thema beschäftigt.

In der französischen Ausgabe des Capital kann man einen Artikel über Laurence Vanhée finden, die 2012 als beste HR-Managerin Belgiens ausgezeichnet wurde. Sie erläutert den Zusammenhang zwischen glücklichen Menschen am Arbeitsplatz und deren

Produktivität. Durch „Happyformance" seien Arbeitende u.a. bis zu 26% weniger abwesend und bis zu 12-15% kreativer. Die Neurobiologie hat herausgefunden, dass Worte und Vorstellungen einen unmittelbaren Einfluss auf den Menschen haben, sobald sie gedacht werden. Werden sie artikuliert, haben sie auch eine sofortige Wirkung auf die Menschen, die sich im Umkreis befinden. So reagiert der Körper eines Menschen, der den Ausdruck „Feuer!" hört anders als der eines anderen, der das Wort „Liebe" hört.

Wer sich dessen bewusst ist, trägt auch die Verantwortung für das, was er sagt. Sprache kann auch dem Zweck dienen, mit positiven Worten eine motivierende Arbeitsumgebung zu erschaffen und zu etablieren. Sprache hat das Potential, die Lebensqualität zu verbessern, da sie einen direkten Einfluss auf Wohlbefinden und Gesundheit des Einzelnen ausübt. Sie kann der Schlüssel sein zu dem, was dem Gegenüber zum Glücklichsein fehlt und wovon er mehr aktiv machen sollte, um Glück dauerhaft zu erfahren. Jeden Tag, jede Stunde, jede Minute. Sprache steuert Glücklichsein. Mehr dazu im gerade erschienenen Buch "Sunlight point" der Autorin dieses Artikels. https://www.bod.de/buchshop/sunlight-point-marion-wolters-97837481593

Kreative Symmetrie ist transportierende Energie

Ein Kreis mit einem Punkt in der Mitte: etwas Einfaches, Alltägliches, kaum Nennenswertes. Vielfach gesehen und doch nicht bemerkt. Was könnte das bedeuten? Die ersten Malversuche eines Kindes könnte man meinen. Oder eine Höhlenmalerei aus der Steinzeit. Vielleicht ist es auch in einer ägyptischen Pyramide gefunden worden oder es handelt sich um einen zeitgenössischen Gegenstand, ist Bestandteil einer Marketingkampagne. Was denken Sie?
Interessanterweise haben viele Leser des Buches "Sunlight point" der Autorin dieses Artikels https://www.amazon.de/Sunlight-point-Sonnenlichtpunkt-Marion-Wolters/dp/3748159358 die Frage religiös beantwortet. Als ewiger Kreislauf, der keinen Anfang und kein Ende hat. Oder als Kreis, in dem das ganze Universum eingeschlossen ist und der Punkt in der Mitte den schöpferischen Impuls darstellt. Welche Ideen inspiriert das Wort "Sunlight point" in Ihrem Kopf? Als einen Kreis mit einem Punkt in der Mitte?

Lässt man die religiösen Konzepte außen vor und reduziert den schöpferischen Impuls auf sprachschöpferische Tätigkeiten, entsteht ein Erlebnisraum, der abhängig vom Niveau der Einzelnen, sehr unterschiedlich gestaltet werden kann.

Ein globales Übersetzungsprojekt setzt die Zusammenarbeit mehrsprachiger Menschen mit hervorragender linguistischer Ausbildung voraus. In einer solchen Gruppe können neue Wortschöpfungen entstehen, die sich auf den Inhalt beziehen. Zwischenzeitlich wird z. B. durch eine 1:1 Übersetzung ein neuer Begriff in Leben gerufen, der überleitet in eine teameigene

Sprache. Die Teilnehmer kommunizieren nicht alle auf dem gleichen kreativen Niveau, jedoch auf Augenhöhe. Diese Verhaltenssymmetrie erzeugt zusammen mit der kreativen Eigenleistung eine Energie, die z.B. neue phonetische Möglichkeiten entstehen lässt. Sie können mittels musikalischer Symmetrie (wie bei "Bruder Jakob") Metaphern transportieren, die unmittelbar visuell einleuchten. In einem lebendigen Austausch werden neben symmetrischen (z.B. "Ton tut Not") auch asymmetrische Abwandlungen in den Raum geworfen.

Sind diese Abwandlungen nur geringfügig oder transportieren sie ein Bild in den Köpfen der Sprachschöpfenden, das sehr unterschiedlich ausfällt? Je nach Tagesform und Sprachgebrauch des Wortkreativen kann dieses nicht zuletzt auch von der aktuellen beruflichen und privaten Situation beeinflusst sein. Wie transportiert man das gleiche Bild als Erkennbares, Erkanntes, Bekanntes, Benanntes, Verkanntes, Unerkanntes, Verwandtes, Elegantes in die Köpfe seiner Gegenüber? Gibt es einen intersubjektiven Prozess, der diese kreative Symmetrie auslösen und die transportierende Energie so beeinflussen kann, dass sie diese Leistung erbringt? Die Lösung befindet sich nur wenige Wörter entfernt.

Und sie ist ganz einfach: man malt den Begriff, singt ihn, tanzt ihn. Drückt ihn auf eine Weise aus, die zwar interpretierbar ist, aber für alle im Denken und Erleben auf sehr ähnliche Weise nachvollziehbar ist. Die Schönheit, die dabei entsteht, ist auch ein Ausdruck von Symmetrie. Weitere Charakteristika sind Ordnung, Stabilität, Perfektion und Erfolg. Doch eine hundertprozentige Symmetrie ist nicht wünschenswert. Sie wirkt langweilig und verhindert jene Einzelheiten, die als Wiedererkennungsmerkmal dienen. Jene Kleinigkeiten, die man nicht vergisst, weil sie einzigartig und liebenswert sind. Solche sprachlichen Schönheiten gilt es zu erschaffen.

Wie man Produkte vermarktet, für die die Welt noch nicht bereit ist

Viele Menschen haben zukunftsweisende oder die Zukunft verändernde Ideen. Man kann sie einfach vergraben und vergessen. Zwischenzeitlich kommen sie wieder ins Bewusstsein, werden jedoch schnell wieder ausgelagert. Warum? Weil man nicht wirklich an diese Ideen glaubt oder weil es zu viel Arbeit ist, sie umzusetzen. Sind die Ideen dieser Menschen nicht viel zu wertvoll für die Menschheit als dass sie ungelebt bleiben? Wie kann man sie ohne großen Aufwand verwirklichen? Eine Anleitung.

Kindheitsträume, Jugendschäume, Erwachsenenvisionen. Zuerst sind sie nur ein Geistesblitz. Dann geht die Person mit der Idee schwanger. Lässt sie langsam wachsen. Schaut sich in der benachbarten Themenumgebung um und füttert die Idee mit Informationen. Die Idee reift heran, möchte verwirklicht werden. Die Person zögert. Sicherlich wäre es faszinierend, die Idee zu realisieren. Man könnte sich vorstellen, wie sie das eigene Leben und vielleicht auch das Leben anderer Menschen zum Positiven beeinflusst. Doch für die Realisierung der Idee würde man den eigenen Status Quo verlassen müssen.

Schließlich ist es eine Idee, die größer als das eigene Leben ist. Man müsste viele Menschen kennenlernen, Geld, Zeit und viele Jahre des eigenen Lebens investieren. Ob es das alles wert ist? Oder sollte man sich von der Größe der Idee nicht beeinflussen lassen und sie einfach verwirklichen? Vielleicht langweilt sich die Person, die diese Idee geboren hat in ihrem Leben und sie hat

Lust, etwas Neues auszuprobieren. Dann sollte sie sich nicht davon abbringen lassen und überlegen, wie sie sie auf eine realistische Weise, ohne großen Aufwand umsetzt.

Die Person könnte überlegen, wo sie die Idee verwirklichen möchte. Wo wäre der beste Ort, um damit zu beginnen? In welcher Stadt, in welchem Land, auf welchem Kontinent? Wie könnte man die Idee über den Planeten ausbreiten? Man könnte sich auch überlegen, wer interessiert sein oder zu interessieren sein könnte. Wie viele und welche Informationskanäle sollte man gezielt über einen längeren Zeitraum bearbeiten, um die Idee zu verbreiten und zu erklären? Was wäre eine für welche Zielgruppe interessante Darstellung? Welche Personen wären schwierig für diese Idee zu begeistern?

Wie könnte man es schaffen, das Nichtinteresse dieser Personen in Interesse zu verwandeln? Welche Argumentationen, Informationen könnten hilfreich sein? Der Trick, die Person davon zu überzeugen ihre visionäre oder lebensverändernde Idee umzusetzen besteht darin ihr zu erklären, dass es sich nur um ein Spiel handelt. Und tatsächlich ist es das auch. Man kann sich den Spaß machen und die Idee an ungewöhnlichen Orten mit witzigen Leuten ausprobieren. Die Erfahrungen und das dabei Gelernte weiterentwickeln und es woanders, z.B. in einem konservativen Umfeld umsetzen. Was passiert mit der Idee?

Ohne dass man es gemerkt hat, ist man schon mitten in der Umsetzung. Hat schon die ersten Menschen überzeugt, die erste Mundpropaganda verursacht. Dann läuft es einfach weiter. Man ändert das Format der Idee, stellt die Informationen anders dar, spielt weiter aktiv mit der Idee und träumt neue Varianten. Die eigene Begeisterung schwappt auf das Publikum über. Statt eine Mission zu haben, die man besessen verfolgt, verwandelt man mit Spaß und Spiel so nebenbei ein "Nein" in ein "Ja" und beseitigt die eigenen Zweifel durch den durchschlagenden Erfolg der Idee, die sich mittlerweile auf allen Kontinenten durchgesetzt hat. https://www.brainguide.de/Marion-Wolters#publikationen

Rubrik Psychologie

Wider den Enthusiasmus - Heiterkeit

Heiterkeit für ein Leben, in dem Probleme keine Hauptrolle spielen. Heiterkeit als Lebensgefühl und Glücksbringer. Abgegrenzt vom Enthusiasmus, der in anderen Bereichen eine Rolle spielt. Das Wort "Heiterkeit" spielt in der heutigen Zeit keine überragende Rolle. Es wird adjektivisch für den Wetterbericht genutzt. Oder als Etikett für die Stimmung in einer Veranstaltung. Während Begriffe wie "Enthusiasmus", "Selbstmotivation", "Glück", Autoren nahezu magische anziehen, könnte man denken, dass es dem Begriff "Heiterkeit" schwerfällt, Beachtung in den gängigen Medien zu finden. Warum es nicht so ist.

„Heiterkeit" im Italienischen „Allegria" ist zwar mit der Freude verwandt, sie ist jedoch viel zurückhaltender. Sie ist eher ein Gleichnis oder eine Allegorie für eine Geisteshaltung, die geprägt ist von verhaltener, sublimierter Freude (mehr dazu im Buch „Allegoria Allegria" der Autorin dieses Artikels http://www.amazon.de/product-reviews. Enthusiasmus steckt Menschen mit seinem feurigen Charakter an. Heiterkeit ist subtiler und sie wirkt durch ihre Beständigkeit nachhaltiger. Praktisch bedeutet eine heitere Lebenseinstellung, dass man mit ihr das eigene Leben mühelos meistern kann. Eine Welt, die von Arbeit, Stress, optimaler, d.h. effektiver Nutzung der Zeit geprägt wird, verlangt den Menschen viel ab.

Dauerhaft enthusiastisch zu leben, ist für die meisten Menschen nicht möglich, da Enthusiasmus kräftezehrend ist. Oder die

Umgebung nicht dafür geeignet ist, Enthusiasmus zu leben. Und es gibt viele andere Gründe, ihn nicht zu leben. Verglichen mit Enthusiasmus ist Heiterkeit das psychische Energiesparprogramm, da es nur einen Bruchteil der Emotionen benötigt. Wenn „Heiterkeit" ein Mensch wäre und Eigenschaften hätte, wären diese Leichtigkeit, Glücklichsein und Gelassenheit. Wer heiter ist, wird nicht von seinen Gefühlen überwältigt, sondern kann denkend seinen Weg gehen. Sich selbst zurücknehmend, kann er Menschen und Situationen beobachten, sie analysieren und beurteilen.

Heiterkeit als Grundeinstellung lässt Probleme nahezu wie Spielzeuge aussehen, mit denen man eine Spielkonstellation schaffen kann, die man mit einer positiven Einstellung schnell und mühelos, alleine oder im Team löst. Im Zeitalter lebenslangen Lernens erhalten so gesinnte Menschen einen unschätzbaren Vorteil, den sie gerne und meistens strategisch nutzen. Die durch Erfahrung gewonnene Gewissheit, dass alle Probleme gelöst werden können, verleiht Menschen eine heitere Grundeinstellung, die durch nichts zu erschüttern ist. Sie erzeugt eine Gelassenheit, die Leichtigkeit hervorruft. Glück und Erfolg meist mühelos nach sich ziehen.

Heiterkeit ist nicht zuletzt auch gut für die physische Gesundheit. Mit ihrer ihr innewohnenden Tendenz zur Zurückhaltung lädt sie zum Beispiel zur besonnenen Auswahl und zum bedachten Verzehr von Lebensmitteln ein. Sicherlich schlägt auch ein heiterer Mensch mal über die Stränge. Jedoch wird seine Natur ihn dazu drängen, dass er dafür einen Ausgleich schafft. Dies bewahrt ihn auch vor den sonst üblichen Süchten. Zudem ist ein heiterer Mensch eher zu sportlichen Aktivitäten zu bewegen als sein melancholischer Zeitgenosse. Heiterkeit verleiht Flügel. – Nicht zuletzt in Liebesdingen.

Meditation oder wie man sich selbst programmiert

Meditation als Modewelle wirft Fragen auf. Skeptiker sehen sie als Mittel, Ideologien zu etablieren und boykottieren sie generell. Da bietet sich ein wissenschaftlicher Selbstversuch an.

Meditation ist viele Jahrtausende alt. Sie wird in vielen Religionen und Traditionen praktiziert. Vielgelobt werden die positiven Auswirkungen auf die körperliche und mentale Verfassung. Doch das ist noch lange nicht das Wichtigste, was Meditation leisten kann. Zahlreiche Formen der Meditation erschweren dem Laien den Überblick. Auch unterstützt eine der Zeit und dem Kontinent angepasste Meditation den Anfänger bedingt die Übungen durchzuführen, da sie befremdlich wirken.

Eine genaue Recherche mag schon mal die wenigen für Meditationswillige geeigneten Formen herausfiltern. Diese befinden sich nicht immer in der eigenen Stadt, eine Online-Anleitung oder ein Buch bieten sich an. Besser ist es dennoch, sich einen Meditationslehrer oder eine Meditationsgruppe zu suchen. Die Meditationsanleitung erhält man dort von erfahrenen Lehrern, die korrigierend eingreifen können, wenn der neu Übende dies für erforderlich hält. Auch können gezielt Fragen gestellt werden und ggf. über irritierende Erlebnisse gesprochen werden. Es bietet sich eine ideologiefreie und scheinbar einfache Anleitung an. Zum Beispiel setzt sich der Meditierende auf einen Stuhl, schließt die Augen und lauscht den Geräuschen. Er beobachtet seine Gedanken ohne sie zu beurteilen.

Je nach Komplexität der Gedanken und des Lebens, das der Meditierende führt, kann es als ein fast unmögliches Unterfangen erscheinen, sich auf die Geräusche zu konzentrieren und konsequent bei sich zu bleiben. Bei täglichem Üben werden Konzentration und Aufmerksamkeit nach und nach besser werden. Auch lehrt ein guter Meditationslehrer Tricks, sich selber zu überlisten. Selbstkontrolle durch Selbstbeobachtung. Nicht minder schwierig ist das Experiment, sich selbst besser kennenzulernen. Sich die eigenen Gedanken und Gefühle bewusst zu machen, die eigenen Denkstrukturen zu erforschen. Der ein oder andere mag erstaunt feststellen, dass er sich gar nicht kannte. Dass er nicht wusste, dass er sich permanent in der Vergangenheit oder in der Zukunft befindet.

Dass sich sein Geist mit Beurteilen und Optimieren immer in den gleichen Bahnen bewegt. Wenn er erkennt, dass sich seine Gedanken wiederholen und er seine Denkmuster zutiefst kennengelernt hat, wünscht er sich vielleicht, diese zu durchbrechen. An dieser Stelle setzt das nächste Experiment an: Wie kann man seine Gedanken durch andere Gedanken ersetzen und sich selbst verändern? Wie schnell, effektiv und nachhaltig geht das? Oder stellen sich bei der übernächsten Meditation wieder die alten Denkmuster ein? Und wie ist der Gesamtzustand? Wie viele Stunden schlafe ich?

Bin ich stressresistenter und wie viele Krankheitstage verzeichne ich im Jahr? Wirken sich die neuen selbstgewählten Denkmuster so auf mein Leben aus, wie ich es beabsichtigt habe? Wie sieht die Auswertung der messbaren Ergebnisse aus? Sind sie reproduzierbar? Kann ich diese Meditationsübung jederzeit und überall mit den gleichen Ergebnissen wiederholen (kann ich z.B. meinen Tumult im Kopf in 6 Minuten beseitigen, egal wo ich bin und was passiert ist oder habe ich gar keinen Tumult mehr im Kopf)? Wer Meditation als Zeitverschwendung angesehen hat, wird - wenn er ernsthaft und regelmäßig übt, erstaunt über die Ergebnisse sein. - Und es nicht bei den genannten Experimenten belassen wollen!

Wie geht es Ihrem Enthusiasmus?

Seltsame Frage, werden manche denken. Bei anderen aktiviert er den Enthusiasmus oder ruft ein Lachen hervor. Die unterschiedlichen Reaktionen und deren Ursachen zu erforschen, ist eine Aufgabe dieses Artikels. Der zweite Teil wird sich mit der Frage beschäftigen, warum der Enthusiasmus verkümmert und wie man ihn wiederbeleben kann. Der Vorhang öffnet sich nun und Sie werden mehr über den Enthusiasmus erfahren, über seine Funktionen und seine vielfältigen positiven Möglichkeiten für die Menschheit.

Ein Leben ohne Enthusiasmus ist für manche Menschen nicht außergewöhnlich, daher vermissen sie ihn auch nicht. In funktionalen Umgebungen wird er nicht gerade gefördert, oft sogar unterdrückt, da er die zu erbringenden Ergebnisse nicht zu fördern scheint. Untersuchungen haben gezeigt, dass enthusiastische Menschen für Kunden mehr leisten: sie gehen die Extrameile, sie verkaufen mehr, sie leisten mehr, weil sie motivierter sind. Vielleicht sind sie auch glücklicher, weil sie ihre Gefühle leben und authentisch sein dürfen. Wenn der Enthusiasmus so erstrebenswert ist, wie schafft man es dann ihn in das eigene Leben einzuladen und dauerhaft zu behalten?

Kinder lernen den ganzen Tag. Sie lernen zu sprechen, machen es nicht richtig. Nicht einmal, nicht zweimal, sondern viele Male. Sie geben nicht auf. Erinnern Sie sich an das Gefühl, als Sie ein schwieriges Wort richtig ausgesprochen haben? Die Begeisterung, dass es - endlich - geklappt hat? Vermutlich hat die Erinnerung daran Sie gerade in einen enthusiastischen

Gefühlszustand versetzt. Dies ist auch ein Weg, Zugang zu den eigenen Gefühlen zu bekommen. Zudem haben Sie gerade die Voraussetzungen zum Lernen geschaffen. Denn wir lernen nur, wenn unsere emotionalen Zentren im Gehirn aktiviert werden. Diese Zentren setzen dann neuroplastische Botenstoffe frei, die es den neuen Informationen ermöglichen, sich im Gehirn zu verankern.

Enthusiasmus aktiviert die emotionalen Zentren des Gehirns. Es ist ein Gefühl, das einen Menschen komplett erfassen kann. Nicht nur viel Überzeugungsarbeit leisten kann, denken Sie z.B. an einen Redner, sondern ihn nicht zuletzt auch in existenziellen Krisen überleben lassen kann. Vielleicht haben Sie kürzlich den Film "Der Marsianer" gesehen. Es geht um eine Marsmission bei der ein NASA-Astronaut auf dem Mars zurückbleibt. Er wird für tot gehalten und muss nun versuchen, alleine auf dem Mars zu überleben. Ist es nur sein Überlebenswille, sein überlegenes wissenschaftliches Wissen oder nicht zuletzt auch sein Enthusiasmus, der ihm beim Lernen und Experimentieren hilft sogar erfolgreich Kartoffeln anzubauen?

Falls Sie den Wahrheitsgehalt dieses Artikels überprüfen möchten, könnten Sie ein Experiment durchführen. Wie wäre es, wenn Sie ein Projekt/eine Tätigkeit ausüben oder eine Idee verfolgen würden, die sie durch und durch begeistert? Wenn Sie sich dann in ein Umfeld begeben, in dem sich viele an Grippe erkrankte Menschen befinden, werden Sie dann auch krank? Oder schützt Ihr Enthusiasmus Ihre Gesundheit? Inspiriert Sie ein solcher Gedanke? Falls Sie ein enthusiastisches Buch lesen möchten, sei Ihnen "parcourlet" der Autorin dieses Artikels

empfohlen. Für ein faszinierendes, außergewöhnliches Leben
voller Überraschungen mit bisher ungeahnten Horizonten.

Literatur - Verbundensein ist Macht und macht stärker

In einer Zeit, in der keine Zeit zu haben zur Norm geworden ist, wird die Zeit für Literatur knapp. Bücher, die der Karriere förderlich sind oder der Weiterbildung, die dem Erhalt des derzeitigen Berufs dienen, werden dagegen ohne schlechtes Gewissen verschlungen. Lesen Sie nachfolgend einige Argumente, warum Literatur ihren wirtschaftlichen Erfolg fördert und wie sie einen Weg findet, Sie persönlich zu bereichern.

Nehmen wir einmal ein, Sie haben die letzten Monate oder gar Jahre aus den unterschiedlichsten Gründen mehr oder weniger durchgearbeitet so wie die Protagonistin Ariana im Buch „Tiaré? Entrez!" der Autorin dieses Artikels https://www.brainguide.de/Marion-Wolters#publikationen.

Sie interessieren sich nach wie vor sehr für arbeitsbezogene Themen, stellen gleichzeitig jedoch auch einen zunehmenden Bedarf an Themen fest, die nicht fachbezogen sind. Literatur bietet Ihnen da eine nahezu unerschöpfliche Quelle. Sie versetzt Sie im Zeitraffer in emotionale, historische, gesellschaftliche Situationen, in die Sie sonst in so kurzer Zeit niemals gelangen könnten. Vermutlich wären Sie auch auf viele Daten und Fakten nicht gestoßen, derer Sie auf diese Art und Weise habhaft werden.

Diese und die Personenkonstellationen, die auch Situationen aus dem Berufsleben widerspiegeln können dienen dazu, den Leser zu veranlassen, den eigenen Hintergrund zu reflektieren und neue Einsichten zu gewinnen. Wie ein Hologramm, indem verschiedene Szenarien einfach mal durchgespielt werden. Die die eigene Realität simulieren, ohne lösungsorientiertes Handeln zu beabsichtigen. Auf diese Weise können emotionale Seiten des Lesers berührt werden, die sonst nie angesprochen würden. Literatur kann den Leser dadurch empathischer machen und persönlich bereichern. Doch Literatur kann noch viel mehr für den Leser bewirken, sehen wir uns dies genauer an:

In einer alternden, vereinsamenden Gesellschaft möchten sich viele Menschen verbunden fühlen, nicht zuletzt auch junge, heranwachsende Menschen, denen Literatur dabei helfen kann, sich selbst zu definieren. Die Personen in einem Buch können zu Freunden werden, die nicht sterben und dem Leser ähnlicher sind als es die Personen in der Realität sind. So bietet Literatur, sei es durch die Personen, die Sprache, die Geschichte oder anderes, dem Leser eine Heimat, die er sonst nicht hätte. Sie kann seelische Wunden heilen und innerlich aufbauen. Sicherlich auch ein Beitrag von Autoren, die Welt zu verbessern unabhängig davon, ob dies vom Autor gewollt ist oder nur ein zufälliges Nebenprodukt ist.

Studien haben gezeigt, dass Lesen die Konzentration fördert, entspannt und somit die Gesundheit fördert. So kann man durch Literatur nicht nur glücklich, toleranter, verständnisvoller, geistig mobiler, offener und umfassend informiert werden. Literatur kann dem Leser auch durch die innere Bestätigung, die er in den Texten bekommt, selbstbewusster werden lassen. Dies kann ihn veranlassen, sich selbst mehr auszudrücken, neue Wege zu sehen und zu gehen. Finanziell erfolgreicher zu werden durch andere, nicht zuletzt auch berufliche Interessen und neue

Netzwerke, die er zu knüpfen beginnt. Verbunden sein ist Macht und macht stärker.

Geld verdienen mit einem Lebensgefühl

In Zeiten des Wirtschaftswachstums und der finanziellen Sorgenfreiheit besteht die vermehrte Möglichkeit, über eigene Ideale nachzudenken und das bisher kultivierte Lebensgefühl zu hinterfragen. Was wäre, wenn Letzteres die Gelegenheit böte, in der bestehenden Situation neue finanzielle Wege zu gehen? Wenn aus den Ableitungen des eigenen Lebensgefühls eine Welle monetären Erfolges bei gleichzeitiger Verbesserung der Lebensqualität der Menschheit entstünde? Der nachfolgende Artikel schildert die real gewordene Möglichkeit.

"Alkohol und Zigaretten sind für die Schwachen." Sollten Sie auf der Suche nach neuen Feinden sein, ist dieser Ausspruch Gold wert. Man könnte ihn als arrogant und elitär bezeichnen, verweist er doch auf eine Position, die isoliert und von der Masse abgrenzt. Doch was ist die Masse und was macht den Einzelnen aus? Der vorherrschenden Meinung gemäß dominieren in der Masse simplifizierte Wortbeiträge, die ein nivelliertes Benehmen nach sich ziehen. Damit einher geht ein Absenken des Niveaus des Einzelnen zugunsten einer Masse, die Sicherheit, Schutz und nicht zuletzt auch ein Ausleben von Seiten gewährt, die sonst nicht erlaubt sind.

Seiten, die vor dem Hintergrund eines moralischen Konsensus, eines historisch bedingten Benehmenskodexes oder gesellschaftlicher Zwänge nicht möglich sind. Wer diese Haltungen spielerisch einnehmen kann ohne sich mit ihnen zu identifizieren - z.B. im Rahmen eines künstlerischen Ausdruckes, entgeht dem Geschilderten mit Leichtigkeit. Kann es sich erlauben, Gedanken zum Thema "Masse" auch im Hinblick auf Studienveranstaltung oder klassisches Konzert anzustellen, wo eine konzentrierte Form ähnlicher Wertvorstellungen, eines intellektuellen und kulturellen Niveaus, vorhanden sein kann und das Individuum nur bedingt gebeten werden muss, sich auf den geringsten gemeinsamen Nenner zu begeben, da dieser nicht so klein ist. Doch auch das Gegenteil ist wahr: es ist zuzeiten lustig und lehrreich, "Kleinstnennerveranstaltungen" zu besuchen.

Dies sind die Wahlmöglichkeiten der Privilegierten, die sich um ihre Existenzgrundlage keine Sorgen machen müssen. Blicken wir zurück: Als 1890 Maschinen die Arbeit zu übernehmen begannen, sah die Arts-and-Crafts-Bewegung in Großbritannien ihre Existenzgrundlage durch die Massenproduktion als gefährdet an und rief eine neue Kunstform ins Leben. Diese stellte eine Gegenbewegung durch den Anspruch einer neuen Ästhetik dar, die nicht nur die Kunst in allen Ausdrucksbereichen, sondern auch das Leben der Menschen durch die Wiedereinbeziehung dieser in das alltägliche Leben reformieren sollte. Wie sah eine solche Kunst aus und welchen Einfluss übte sie dauerhaft aus?

Dynamische Bewegungen, Plastizität, sich wiederholende Wellen- und Kurvenbewegungen sind typisch. Bekannt wurde der Jugendstil durch seine Verbindung von Glas und Stahl, den Zeichnungen mit Motiven aus der Natur- und Pflanzenwelt. Japanische Farbholzschnitte übten u.a. einen großen Einfluss auf den Jugendstil aus, der klare, einfache Formen neben dekorativen Elementen stehen lassen konnte, siehe auch das in diesem Jahr erschienene Buch "Tiaré? Entrez!" der Autorin

dieses Artikels. Das hochwertige Kunsthandwerk fertigte
Produkte aus allen Bereichen des Lebens an. Mit seinen Idealen
Funktionalität und Ästhetik beeinflusste der Jugendstil u.a. die
Gründung des Bauhauses 1919 in Weimar. Wie verdienen Sie mit
Ihrem Lebensgefühl und Ihren Idealen Geld und beeinflussen die
Welt nachhaltig?

Emergenz und Emergency

In Vorträgen, Büchern, Magazinen, digitalen Medien stellt der
Zeitgeist Selbstoptimierung äußerst negativ dar. Es ist die Rede
von der Erziehung des Menschen zum Roboter, Ökonomisierung
des Privaten bis hin zu neo-kapitalistischer Selbstausbeutung.
Wie kommen die Autoren zu diesen Erkenntnissen? Welche
Informationen führten dazu, Selbstoptimierung in diesem Licht
zu betrachten? Nachfolgend der Versuch einer Analyse des
Geschehenen und die Darstellung einer anderen Sichtweise.

Beginnen wir mit einem einfachen, charakteristischen Beispiel
und beantworten, was Selbstorganisation ist: Nehmen wir
einmal an, wir befinden uns in einem gerade neu von der Natur
geschaffenen Zustand und die einzelnen Elemente bewegen sich
frei und ungebunden im Raum. Wird dieser Zustand lange
anhalten? Die naturwissenschaftlichen Gesetze lehren uns, dass
die einzelnen Elemente sehr schnell in Wechselbeziehung treten
und miteinander kommunizieren. Auf diese Weise schaffen sie
ohne äußere Einflüsse eine spontane Selbstorganisation, die im
Detail nur bedingt erklärbar und zudem völlig unkontrollierbar
ist. Die Eigendynamik (siehe auch das neue Buch "Tiaré? Entrez!"
der Autorin dieses Artikels) eines solchen Kollektivs hängt von
den Eigenschaften und Fähigkeiten der einzelnen Elemente ab.

Je höher die Fähigkeiten des Einzelnen, desto wertvoller ist er für
das Kollektiv, das dann auch in der Lage sein kann, komplexere
Probleme zu lösen und innovativere Produkte als der
Wettbewerb zu entwickeln. Selbstoptimierung definiert als
Ausbildung der Fähigkeiten, um die eigene Leistung im

Wirtschaftsleben zu verbessern, benötigt viel Zeit. Diese fehlt für Familie, Freunde und für sich selbst. Dies mag ein Grund für die negative Bewertung der Selbstoptimierung sein. Ein anderer liegt in der Annahme, dass der Mensch dadurch zum Industrieroboter ausgebildet wird, was seiner eigentlichen Bestimmung als Mensch nicht entspricht.

Diese Kritik findet man insbesondere im Bereich der Philosophie Erlernenden. Man kann Philosophisches Denken als Technik verstehen, die es Praktizierenden ermöglicht, selbstbestimmte persönliche Ziele besser zu erreichen. Ein Ziel mag sein, neue Denkweisen anwenden zu können. Wenn dies im Rahmen der effektiveren persönlichen Vermarktung geschieht, erzeugt dies vielfach Unverständnis, weil nur ein Teil des ganzen Bildes gesehen wird. Um die fehlenden Aspekte kennenzulernen, empfiehlt sich ein letzter Ausflug in die Naturwissenschaften: ein der Selbstorganisation verwandtes Thema, das man als Konzept sowohl in der Physik, Biologie, Psychologie und anderen Disziplinen findet, ist die Emergenz.

Das Auftauchen oder Herausbilden neuer Eigenschaften wird als Emergenz bezeichnet. Die Ideen, die im wechselseitigen Austausch einzelner Elemente entstehen verweisen darauf, dass das Ganze mehr ist als seine Teile. Übertragen auf Philosophisches Denken Erlernende kann es durch Emergenz geschehen, dass sie nicht nur lernen anders zu denken, sondern auch, wie man ein mentales Spielfeld verlassen kann, wenn es notwendig ist. Sich für sich selbst, privat und beruflich neu positionieren und verankern zu können, wenn der Notfall (engl. "emergency") es erfordert. Emergenz und emergency. Dies ist ein Beispiel, das Sie beliebig ersetzen können. Gibt es einen täglichen Überlebenskampf oder ist er eine Erfindung des Zeitgeistes?

Gehen ist Glück

Gehen. Nicht Laufen. Nicht walken. Aber talken. So kurz wie die vorhergehenden Sätze sind die Gedanken, die man sich über das Gehen macht. Gehen. So alltäglich, so selbstverständlich, dass man sich nicht weiter damit beschäftigt. Oder doch? Ein Rap auf das Gehen wäre innovativ. Für die Menschheit, die neue Entdeckungen und die mit ihr einhergehenden wegweisende Erfindungen machen möchte. Gehend denken. Ideen schenkend.

Wenn man den Körper als eine physikalische Einheit betrachten würde, könnte man die Beine mit nach vorne schwingenden Pendeln vergleichen. Die Eigendynamik (siehe auch das Buch "Tiaré? Entrez!" der Autorin dieses Artikels) des Gehens ermöglicht dabei eine anstrengungsfreie Bewegung. Während man beim Joggen kurze Flugphasen und u.a. einen höheren Kalorienverbrauch verzeichnen kann, werden beim Gehen Muskeln und Gelenke geschont. Man kann stundenlang mühelos gehen, jedoch nicht rennen. Es gibt Formeln, die die Gehgeschwindigkeit u.a. mittels der Beinlänge ermitteln. In der Praxis ist dies z. B. für die Länge einer Ampelschaltung wichtig, damit die Fußgänger sicher auf die andere Straßenseite gelangen können. Doch wer misst schon die Gehgeschwindigkeit eines Schmetterlings?

Es gibt viele Lieder in der Musik, die vom Gehen handeln. Solange es dabei um das Gehen auf dem Planeten Erde geht, ist dieses auch nachvollziehbar. Schwieriger wird es in Liedern, in denen ein Spaziergang auf anderen Planeten besungen wird, wo die veränderte Schwerkraft dies bekanntermaßen nur bedingt zulässt. Hier ist es eher eine Mischung aus Gehen und Hüpfen, die die Fortbewegung ermöglicht. Gehen ist bodenständiger. Man ist immer im Kontakt mit der Erde und kann sein Ziel sicher ansteuern. Die Verletzungsgefahr ist entsprechend geringer als beim schnellen Laufen, wo man durch die Schnelligkeit der Bewegung schon mal ein Hindernis übersehen und stolpern kann.

Das Gehen findet sich in vielen Zitaten aus den unterschiedlichsten Jahrhunderten und Lebensbereichen wieder. "Die Normalität ist eine gepflasterte Straße; man kann gut auf ihr gehen - doch es wachsen keine Blumen auf ihr", sagte Vincent van Gogh. Es gibt viele andere Zitate, in denen Gehen im übertragenen Sinne gebraucht wird, zum Beispiel im Sinne von "den Weg gehen und finden". Wenn man sich auf den Füßen schrittweise fortbewegt, hat man mehr Zeit, um detailliert zu schauen. "Wer geht sieht mehr als wer fährt" wusste schon Johann Gottfried Seume.

Gehen. Im Frühling. Von Stadtteil zu Stadtteil, von Fest zu Fest. Hier eine Speise probieren und dort eine neue Aktivität ausprobieren. Sommerlich gekleidet, in bequemen Schuhen und mit wenig Gepäck. Neue Winkel der Stadt und geistige Horizonte erkunden. Sich freuen, dass man Zeit hat, seinen Körper und Geist einfach gehen lassen zu können. Ungehindert, im eigenen Tempo, so lange und ausführlich wie man selbst möchte. Kleine Abenteuer jenseits des Alltags und doch mit ihm immer in Verbindung. Losgelöst von den Zwängen und sie doch immer bejahend. Freiheit von und in der Bindung. Gehen ist Glück.

Bescheidenheit - Neudefinition eines ambivalenten Begriffes

"Ich habe keine besondere Begabung, sondern bin nur leidenschaftlich neugierig". Albert Einstein. Man könnte dieses Zitat als Bescheidenheit deuten. Oder entspricht es einfach nur der Realität? Wie interpretieren Sie Bescheidenheit für Ihr Leben als z.B. kreativer Mensch? Werden Sie nicht mehr wahrgenommen, wenn sie bescheiden sind und verhindert Bescheidenheit somit nicht auch Ihren beruflichen Erfolg? Nachfolgend wird versucht, diesen ambivalenten Begriff neu zu definieren.

Als kreativer Mensch, der ein Produkt erzeugt oder eine Dienstleistung anbietet, fragt man sich, welche Gedanken und Gefühle man beim Kunden erzeugen möchte. Da man sich seiner Verantwortung z.B. als Autor bewusst ist, überlegt man nicht nur, wer der Adressat ist, sondern auch, welche Themen man präsentiert, damit man eine Verbindung zur geplanten Zielgruppe erzeugt. Um dann den Fokus auf Themen zu lenken, für die der Kunde bereit ist zu zahlen oder für den man mit dem neu verfassten Text Geld verdient. Wie schafft man das?

Indem man den Leser Erfahrungen machen lässt, Texte erfahrbar macht. So kann man alle fünf Sinne einbeziehen und den Leser experimentieren lassen. Wie stellt man sich den Geruch von Selterswasser vor, wenn es ihn gäbe? In einer Textausstellung bietet man Düfte an und bittet das Publikum, für sich selbst zu entscheiden, welcher Geruch der eigenen Vorstellung entspricht. Was ist in den Köpfen des Publikums wirklich passiert? Man hat ein Stück von sich selbst gegeben und das Publikum hat die Einladung angenommen, selbst auch ein Stück von sich selbst zu geben, indem die Menschen an dem Experiment teilnahmen.

Zudem hat man dem Publikum einen Denk- und Experimentierraum angeboten, anders zu denken. Die Möglichkeit gegeben, ein neues Thema kennenzulernen und es im eigenen Leben als Bereicherung zu integrieren. Man hat Gefühle der Begeisterung und nicht zuletzt auch Dankbarkeit erzeugt, die dazu geführt haben, dass das Publikum das Produkt oder die Dienstleistung unbedingt haben wollte und auch einen finanziellen Erfolg erzielt. Vielleicht hat man jemandem aus höchst unterschiedlichen Gründen einige unvergessliche Stunden geschenkt, einen Neuanfang bewirkt etc. All dies wird man in den meisten Fällen erst zu einem späteren Zeitpunkt oder gar nicht erfahren. Wenn dies kein Grund ist, stolz zu sein, oder?

Nehmen wir einmal an, dass ein Großteil der eigenen Gedanken durch frühere und aktuelle soziale, globale, kulturelle und viele andere Prägungen gelenkt wird. Dass viele Gedanken, die heute in Ihrem Kopf verweilen, sich morgen verändert haben, nicht mehr existieren oder keine Bedeutung mehr haben. Ist dann nicht Bescheidenheit gegenüber den eigenen Ideen angebracht? Wenn man als Übersetzerin von einem amerikanischen Verleger für die eigene Sprachkraft gelobt wird und eine jugendliche Schülerin nach dem eigenen Vortrag eine unglaublich gute Übersetzung schüchtern präsentiert, wieviel Stolz bleibt dann? https://www.brainguide.de/Marion-Wolters#publikationen

Wie man Gedanken lenkt - Und was ist ein Gedankenbeschleuniger?

Hirnforschung: Hirnforschung aus psychologischer, kognitiver, biologischer, physikalischer, medizinischer, chemischer etc. Sicht. Fortschritte in allen Forschungsbereichen lassen philosophische, religiöse, ethische und ökonomische Fragestellungen nur bedingt zu. Und erklären die komplexen Dimensionen durch Mehrfachnennungen und zeitgemäße Definitionen nur ansatzweise, werden vergleichsweise selten in tiefere Bewusstseinsschichten gerückt. Welche Bereiche werden für das Individuum künftig im Alltag relevant sein? Nachfolgend ein technischer Ansatz und die Klärung der Frage aus der Überschrift: Was sind Gedankenbeschleuniger?

Aus der Robotik sind nicht zuletzt auch für den Gesundheitsbereich vielfältige Anwendungsmöglichkeiten aus der Hirnforschung bekannt. Spektakuläre Geräte wurden erfunden, die sich in der Praxis nicht unbedingt bewährten. Anders ist es mit einem Rollstuhl, der mittels der Gedanken des Rollstuhlfahrenden nach links oder rechts fährt. Die Hirnströme des Fahrenden werden gemessen und aufgezeichnet. Es ergeben sich abweichende Messungen und Muster bei den Worten „rechts" und „links". Das Messgerät reagiert darauf und lenkt den Rollstuhl in die entsprechende Richtung. Was zunächst viel Übung, Konzentration und generelle Aufmerksamkeit des Fahrenden gegenüber diesem neuen Thema verlangt, soll mit zunehmender Gewöhnung und der Entwicklung der eigenen Fähigkeit Gedanken zu lenken, immer einfacher werden.

Zwischenzeitlich saß die Autorin dieses Artikels im Zug zum Flughafen, während sich ein Endzwanziger gut gelaunt zu ihr setzte. Sie hatte gerade einen Artikel über Neurofeedback gelesen und er erklärte ihr, dass er gerade seine Dissertation über „Hochgeschwindigkeitsbeschleuniger für neuromorphische…" schreibt. Neurofeedback sei eine psychologische Variante davon. Sicherlich hatte sich die Autorin dieses Artikels für die Recherche zu ihrem Buch über eine wissenschaftliche Gedankenschule „Comme Schönheit influences la paz /Können Gedanken Regierungen lenken?" http://www.amazon.de/Comme-Sch%C3%B6nheit-influences-paz-Regierungen/dp/3734746795 mit den Möglichkeiten/Auswirkungen der Gedankenlenkbarkeit auseinandergesetzt, um dann die Hauptperson u.a. ein Gerät erfinden zu lassen, das als Gedankenbeschleuniger arbeitet. Und wusste daher, dass mit „High speed accelerators for neuromorphic…" etwas anderes gemeint ist.

Neuromorphic Engineering oder neuromorphic computing bezeichnet eine relativ neue Forschungsdisziplin, die Elemente der Informatik, Ingenieurwissenschaften, Physik, Mathematik vereint. Technik unterstützt dabei den Prozess das Gehirn zu verstehen, das beschädigte Nervensystem zu reparieren, einzelne Zellen auszutauschen oder insgesamt das Nervensystem zu verbessern. Experimente und deren Dokumentation belegen, wie die Informationsverarbeitung im Gehirn die Informationspräsentation, die Widerstandsfähigkeit gegen

Schäden an den Nerven und deren Entwicklungsmöglichkeiten beeinflusst. Dazu wird eine Plattform mit einer Computersimulation installiert, die das komplette Gehirn nachbaut. Alle Neuronen sind dabei in ihrer Komplexität dargestellt

In den Versuchen geht es darum herauszufinden, wie die einzelnen Schaltstellen miteinander vernetzt sind. Wie die einzelnen Nervenzellen funktionieren, interagieren. Auf der Computerplattform werden insbesondere zuvor entwickelte theoretische Modelle auf ihre Richtigkeit getestet. Und die notwendigen Modifizierungen erneut analysiert und getestet. In diesem fortlaufenden Prozess erhält man dann im positiven Fall Resultate, die man weiter verwerten und von denen man neue Ergebnisse ableiten kann. - Während Gedankenbeschleuniger Informationen herleiten: sie sind groß wie eine Fingerkuppe. Und ihre Tasten, die wie Piktogramme aussehen, liefern in Bruchteilen von Sekunden Daten, die dem Besitzer partout nicht einfallen wollen.

Was ist Genome Editing?

Die französische Mikrobiologin Emmanuelle Charpentier arbeitet seit dem 1. Oktober 2015 als Direktorin am Max-Planck-Institut für Infektionsbiologie in Berlin. Am 1. März wurde sie mit dem Leibnitz Preis ausgezeichnet. Zusammen mit der US-Biochemikerin Jennifer Doudna entdeckte sie zeitgleich mit dem Bioingenieur Feng Zhang vom Massachusetts Institute of Technology (MIT) eine bahnbrechende Methode zum Entfernen, Einfügen und Verändern von DNA: sie verwendeten CRISPR/Cas9 gezielt zum sogenannten Genome Editing. Wie kam es dazu, wie funktioniert diese Methode, welche Chancen, Risiken birgt sie und was bedeutet der wissenschaftliche Fortschritt für den Einzelnen?

Emmanuelle Charpentier und ihr Team erforschten zwischen 2011 und 2012 an der Universität Umeå in Schweden das Immunsystem von Bakterien. Sie fanden heraus, dass auch Bakterien krank werden können. Es gibt Viren, die Bakteriophage genannt werden, die Bakterienzellen infizieren und ihr eigenes Erbgut in das Genom der Mikroben übertragen können. Was ist ein Genom? In einem Genom befindet sich das gesamte Erbgut eines Lebewesens oder eines Virus. Um sich zu schützen, haben die Bakterien eine molekulare Schere entwickelt, die das fremde Erbgut wieder herausschneiden kann, Genome Editing genannt. Das bedeutet in der Praxis, dass man bestimmte Teile des Genoms punktgenau herausschneiden und das Genom auf jede erdenkliche Art verändern kann.

Emmanuelle Charpentier untersuchte vor allem, wie bakterielle Pathogene (Erreger, die Krankheiten verursachen) mit ihrer Umwelt, einschließlich ihres menschlichen Wirts, interagieren. Im Rahmen dieser Studien entdeckte sie, dass sich das CRISPR-Cas9-System von Bakterien als ein sehr präzises Werkzeug einsetzen lässt, um genetisches Material zu bearbeiten und die Funktion von Genen zu untersuchen. Die neue Gentechnik-Methode kann unter anderem dazu genutzt werden, um neue Behandlungsmöglichkeiten für schwere Krankheiten des Menschen zu entwickeln. Doch wie funktioniert die Methode genau? Bakterien werden von Viren, Bakteriophagen befallen, die ihr Erbgut in die Bakterien eingeben. Die Bakterien haben dafür eine wirksame Gegenstrategie entwickelt.

Es gibt bestimmte Sequenzen in den Bakterien, die bestimmten DNA Sequenzen von Viren entsprechen. Die bakteriellen Enzyme spielen dabei eine zentrale Rolle. Sie sind komplexe Moleküle, die als Katalysatoren wirken. Wie eine Schere schneiden sie Virenerbgut heraus. Das herausgeschnittene Stück Viren DNA wird in eine Stelle der Bakterien DNA eingesetzt, CRISPR-Abschnitt genannt. Dies ist die Bezeichnung der Genetiker für Abschnitte sich wiederholender DNA, in denen wie im Bakterium das Virenerbmaterial zu finden ist. Die Zelle übersetzt den eingefügten Abschnitt durch Auslesen in einen RNA Strang, die CRISPR-RNA. Sie enthält Informationen aus dem Erbgut des Virus und ein Stück der Bakterium DNA. Daran koppelt die Tracer-RNA an.

Diese Tracer RNA kann auch als Hinweis angesehen werden, wo genau das Enzym CAS9 anbinden und den Abschnitt CAS9 heraustrennen kann. Wenn das Bakterium erneut von einem Virus befallen wird, fungiert dieser CRISPR-CAS9 Komplex als eine Art Immunsystem. Die CRISPR RNA kann die passende Stelle an der Viren DNA finden, CAS9 zerschneidet dann den DNA-Strang des Virus und zerstört ihn dadurch. Crisper RNA fungiert wie eine Navigationshilfe die bestimmt, wo die Schere CAS9 schneidet. Gene Editing ist vergleichbar mit der Veränderung eines Textes, siehe auch Kapitel 2 des gerade erschienenen Buches „parcourlet", der Autorin dieses Textes,

Beim Text Editing hat man zunächst einmal einen Text vor sich. Man ersetzt an bestimmten Stellen Teile des Textes oder beseitigt z.B. einen Druckfehler. Genauso kann man auch im Genom agieren. Forscher können Moleküle problemlos variieren, so dass sie auch bei allen mehrzelligen Organismen funktionieren. Bei Pflanzen, Tieren, Menschen können Gene auf diese Weise in allen Zellen eines Organismus ausgeschaltet oder beliebig ausgetauscht werden. Man kann sich das auch wie ein Skalpell für das Erbgut vorstellen. Doch ganz so problemlos ist es dann doch nicht.

Es gibt sogenannte Off-target Effekte, bei denen die DNA versehentlich an anderen als an den gewünschten Stellen durchgetrennt wird. Auch sollte man nicht vergessen, dass die Teams Charpentier/Doudna und Zhang sich nach wie vor in einem erbitterten Patentstreit befinden. Das Team Charpentier/Doudna veröffentlichte seine Studie zum Genome Editing am 17. August 2012 im Magazin „Science", in dem wenig später der Bioingenieur Feng Zhang vom Massachusetts Institute of Technology (MIT) die universelle Einsetzbarkeit der Methode erklärt. Auch rechtlich gibt es noch einiges zu klären. Die Frage, ob Genome Editing als naturidentisches Verfahren angesehen werden kann, wurde bejaht.

Ob Genome Editing in der Pflanzenzüchtung eingesetzt wird, hängt davon ab, ob und ab wann die damit gezüchteten Pflanzen als gentechnisch veränderter Organismus (GVO) angesehen wird. Dazu wird es noch eine abschließende rechtliche Klärung geben. Da die Methode günstiger als andere Gentechniken ist, bietet sie eine Chance für viele kleinere oder neue Unternehmen. Verbesserungen für den Einzelnen kann man sich vorstellen: z.B. könnte ein defektes Gen durch Genome Editing dauerhaft „repariert" werden. Für ein Individuum würde das bedeuten, dass es auf der Stelle gesund wäre und die vorherige, dauerhafte Therapie z.B. in Form von Stoffwechseltabletten sofort einstellen könnte. Traum oder bald Wirklichkeit? Wie interessant ist Genome Editing für Sie persönlich?

Eigendynamik

Ein leerer Raum – dieser Begriff kann sowohl räumlich und zeitlich verwendet werden. Raum für Arbeit, die noch erledigt werden kann, Platz für neue Dinge im Leben, von deren Existenz man noch nichts wusste. Wie könnte das Füllen eines Raumes oder wie könnte ein neu produzierter Artikel eine Dynamik entwickeln, die als lineare Bewegung eine Eigendynamik entwickelt, die nicht mehr aufzuhalten ist?

Sieht man sich das erste Newtonsche Axiom an, das auch als "Trägheitsgesetz" bekannt ist, bleibt der Körper im Zustand der gleichförmigen gradlinigen Bewegung, solange keine äußeren Einflüsse auf ihn wirken. Der Körper bewegt sich konstant. Würde man in der Umgangssprache eine solche Bewegung als "Dynamik" oder gar als "Eigendynamik" bezeichnen? Das zweite Newtonsche Axiom, das auch als "Beschleunigungsaxiom bekannt ist, beschreibt auf einen Körper einwirkende Kräfte, dessen Kraft proportional ist und deren Richtung Kraft besitzt. Vermutlich kommt diese Definition dem allgeneinen Sprachgebrauch von Dynamik schon näher.

Was jedoch mehr darunter verstanden wird, ist das Thema Wechselwirkungsprinzip. Das bedeutet, dass ein Körper A auf einen Körper B eine Kraft ausübt "actio" genannt. Der Körper B übt auf A eine Kraft aus, die als Gegenkraft "reactio" gezeichnet wird und die entgegengesetzt gleich der ersten Kraft ist. Dynamik als physikalischer Begriff kann die unterschiedlichen Bedeutungsunterschiede in der Sprache nur zu einem gewissen Grad andeuten. Schwung, Aktion, Kraft sind nur einige bekannte

Synonyme für ein Wort, das es u.a. auch in der Musik, in Versicherungsgesellschaften gibt. Wenden wir uns der Eigendynamik zu. Im Gegensatz zur Dynamik verfügt sie über einen Impuls, der eine bestimmte Aktionsabfolge festlegt.

Wie verhält sich ein solch selbst betriebenes Subjekt in einem Umfeld, das zudem mit ihm als auch untereinander agiert? Wie hoch ist der eigene Drehimpuls, wenn es dort hinein gelangt und wie verändert sich die Drehzahl im Laufe der Interaktion? All diesen Fragen geht die Autorin dieses Artikels in ihrem dreisprachigen Buch "Tiaré? Entrez!" https://www.bod.de/buchshop/tiareo-entrez-marion-wolters-9783746065106 ein. Im wirtschaftlichen Umfeld stellt sich sicherlich auch die Frage, wie man ein Umfeld so weit wie möglich strukturieren kann, damit Faktoren, die sich negativ auswirken könnten, möglichst schon zu Beginn ausgeschlossen werden können.

Um die Eigendynamik neuer Produkte zu testen, ist eine sorgfältige Analyse sicherlich hilfreich. Übertragen aus der Physik auf ein Produkt wäre der Bewegungs- oder Freiheitsgrad eines Produktes interessant. Wie groß könnte der Wirkimpuls oder Wirksamkeitsradius eines neuen Produktes werden? Wie massiv und schnell ist die Eigendynamik des neuen Produktes? So mancher zuvor geschmähter Algorithmus kann hier seine neue Daseinsberechtigung finden. Viele andere bewährte Methoden sollten ebenfalls angewandt werden. Denn ein umfassendes analytisches Konstrukt spart viel Geld. – Soweit westliches Denken. Alternativ überlegt man sich Ziele und entscheidet, während man auf dem Weg dorthin ist, wie man sie erreicht.

Wer hat die Atombombe überlebt?

1945 wurde am 6. August die Atombombe über Hiroshima abgeworfen. Danach gab es kein Leben mehr auf diesem Gebiet. Bis auf eine Pflanze, die von Charles Darwin als "lebendes Fossil" bezeichnet wurde. Wenn man im Herbst die gelben Blätter dieser Pflanze bewundert, strömen die darunter liegenden Früchten der weiblichen Vertreter einen Geruch von gegorener Milch aus. Um welche Heilpflanze handelt es sich?

Vor der Eiszeit gab es zwanzig verschiedene Gattungen dieser Pflanze in Amerika, Asien und Europa, heute sind es vierzig. Im Erdmittelalter vor 250 bis 60 Millionen Jahren wuchsen sie auch in Alaska. Sie überlebten die Eiszeit, lebten danach nur noch in Südchina. Im 11. Jahrhundert existierte diese Pflanze auch in Japan, wohin sie von Korea aus gebracht wurde. Später wurden die Samen dieser Pflanze von holländischen Kaufleuten nach Utrecht geschmuggelt. Dort wuchs in der Orangerie um 1730 Uhr der erste Baum. Es ist weder ein Nadel- noch ein Laubbaum.

Der Gingko Biloba bildet eine eigene Klasse, die Ginkgophyta. Der Baum hat sein Aussehen seit Millionen von Jahren kaum verändert. Seine Resistenz gegen Schadstoffe und Schädlinge bewirkte, dass er gerne in Städten angepflanzt wurde und wird. Er wird ca. 20-40 Meter hoch und kann bis zu 1000 Jahre alt werden. Seine Blütezeit erlebt er im Mai-Juni. Der weibliche Baum produziert kleine, runde, hellgrüne Früchte. Allerdings nur, wenn nicht weit davon ein männlicher Baum steht, der ihn befruchten kann. Die hellgrünen Früchte sehen im reifen Zustand wie Mirabellen aus. Sie verströmen einen widerwärtigen Geruch.

Dies ist der Grund, warum in vielen Städten nur männliche
Exemplare gepflanzt werden sollen. In den ersten 20-30 Jahren
ist es nicht möglich, das Geschlecht des Gingko zu bestimmen, da
die Bäume erst in den nachfolgenden Jahren geschlechtsreif
werden. Es wird angenommen, dass die Früchte des Gingkos so
übel rochen, damit sie von den Dinosauriern gefressen wurden,
die die verdauten Samen mittels Kot weiterverbreiteten. Heute
zieht der Duft Aasfresser wie z.B. Kojoten an. Man sollte sich
jedoch von dem Geruch der Früchte nicht täuschen lassen.

Gekochte und geröstete Samen werden in China in vielen
Gerichten gegessen. Als Heilmittel gegen Husten, Asthma,
Tuberkulose. In Europa wurden hauptsächlich die Blattextrakte
in den letzten 50 Jahren als Arzneimittel verkauft gegen Tinitus,
Durchblutungsschwierigkeiten, Depression (siehe das neue Buch
der Autorin dieses Artikels "apercevoir et sourire", indem u.a. ein
Mittel gegen Depression gefunden wird). In China lindern die
abgekochten Wurzeln Blähungen und Magenschmerzen. Für die
Chinesen ist das Gingkoblatt ein Symbol für Yin und Yang. In
Japan ist der Gingkobaum "Tempelbaum", da er vielfach in
Tempelanlagen angebaut wurde. "Lebensbaum", da im Frühjahr
1946 neue Triebe aus dem verkohlten Baumstumpf wuchsen, die
bis heute zu einem stattlichen Gingkobaum herangewachsen
sind.

Dolmetsch- und Übersetzungsdienst
Marion Wolters
Geprüfte Dolmetscherin Englisch

+++ Wirtschaft +++ Politik +++ Medien
+++ Energie +++ Literatur +++